# A VIDA E O MISTÉRIO
## DO MESTRE DA GALILEIA

Luiz Carlos Susin

# A VIDA E O MISTÉRIO
## DO MESTRE DA GALILEIA

**Dados Internacionais de Catalogação na Publicação (CIP)**
**(Câmara Brasileira do Livro, SP, Brasil)**

Susin, Luiz Carlos
 A vida e o mistério do Mestre da Galileia / Luiz Carlos Susin. -- 4. ed. --
São Paulo : Editora Paulinas, 2018. -- (Coleção Emaús)

 ISBN 978-85-356-4407-4

 1. Cristologia 2. Jesus Cristo 3. Jesus Cristo - Biografia I. Título II. Série.

18-15351                            CDD-232

**Índice para catálogo sistemático:**

1. Jesus Cristo : Cristologia 232

Maria Alice Ferreira - Bibliotecária - CRB-8/7964

4ª edição – 2018

Direção-geral:    *Flávia Reginatto*
Editores responsáveis:    *Vera Ivanise Bombonatto*
*e Afonso M. L. Soares*
Copidesque:    *Paulo César de Oliveira*
Coordenação de revisão:    *Marina Mendonça*
Revisão:    *Sandra Sinzato*
Direção de arte:    *Irma Cipriani*
Assistente de arte:    *Sandra Braga*
Gerente de produção:    *Felício Calegaro Neto*
Projeto gráfico:    *Manuel Rebelato Miramontes*
Capa:    *Tiago Filú*

*Nenhuma parte desta obra poderá ser reproduzida ou transmitida por qualquer forma e/ou
quaisquer meios (eletrônico ou mecânico, incluindo fotocópia e gravação) ou arquivada em
qualquer sistema ou banco de dados sem permissão escrita da Editora. Direitos reservados.*

**Paulinas**

Rua Dona Inácia Uchoa, 62
04110-020 – São Paulo – SP (Brasil)
Tel.: 2125-3500
http://www.paulinas.com.br – editora@paulinas.com.br
Telemarketing e SAC: 0800-7010081
© Pia Sociedade Filhas de São Paulo – São Paulo, 1997

# Sumário

Apresentação........................................................................7

Capítulo I – A estrela de Belém e de Nazaré ........................13

Capítulo II – Entre o rio e o deserto...................................41

Capítulo III – A primavera da Galileia ..............................63

Capítulo IV – O começo das dores....................................97

Capítulo V – A hora das trevas e da paixão .....................133

Capítulo VI – Manhã do primeiro dia e outras manhãs..............181

Capítulo VII – Vem, Senhor, estrela da manhã! ...........211

# Apresentação

As crianças estão naturalmente no Reino de Deus. Acreditam realmente que o brilho das estrelas pode ser um sorriso do céu. Para isso elas não precisam de muitas explicações. Mas nós bem cedo deixamos de ser crianças, e precisamos dar muitas voltas, com muito trabalho, para alcançar a madura simplicidade de uma segunda infância. Precisamos de explicações, caminhamos entre perguntas e pesquisas, buscamos respostas em que as verdades complexas voltem a ser simples. Os apóstolos de Jesus, como se lê na Carta de Pedro, pediam que os cristãos estivessem sempre prontos a explicar as razões da sua esperança. Esta é uma narrativa que deseja explicar. É fruto da fadiga para voltar do complexo ao simples.

A fé cristã tem a ousadia — escândalo e loucura — de confessar a história de Jesus como centro do universo, de todo ser e de todo saber, do verdadeiro poder e da verdadeira vida, da beleza e da bondade. Num mundo pluralista onde há todo tipo de crentes e de não crentes, esta pretensão é simples até demais e muito complexa. O nosso tempo não aceita as pretensões de sínteses e centros que queiram absorver em torno de si a pluralidade dos mundos e das verdades. As grandes narrativas, as filosofias monumentais, as sumas teológicas, as enciclopédias de todo o saber são esforços que nos fazem sorrir. E, no entanto, a fé cristã não pode ter outro critério iluminador para o conhecimento de todas as coisas senão Jesus.

Começamos, então, por Jesus, por sua história. Que o seu Espírito, o Espírito Santo prometido para nos conduzir até a plenitude da verdade, nos ajude a fazer um caminho delicado, simples, mas cheio de tentações! Uma delas é andar pelas laterais, perder-se na floresta de comentários, escritos, pensamentos, estudos, na imensa literatura que estes dois milênios produziram procurando interpretar Jesus, a "grande história", concentração e irradiação de tantas histórias. Do outro lado, estaria a presunção de percorrer sozinho, interpretar sozinho, desconhecer soberbamente os outros no caminho, andar por uma estrada de subjetivismo autoritário. E a pior de todas, a pretensão de alcançar a plenitude da verdade sobre Jesus com o próprio esforço ou com um acúmulo de informações. Ele iria sorrir.

Este é um texto basicamente narrativo — quer mais uma vez contar a história de Jesus. Mas não se consegue fugir da necessidade de meditação, até de contemplação, como em certas cantatas barrocas, em que a narrativa é escandida pelo coro que comenta os fatos. Método, aliás, do teatro grego, em que o coro é o pano de fundo que dá perspectiva aos personagens. Procurei expressar os diversos acontecimentos e temas como em uma sinfonia, com grande esforço de linguagem, sem a intenção de analisar exaustivamente o desenrolar dos quadros. Além disso, é um escrito "confessante", que provém de dentro da fé cristã. Como toda teologia, busca "crer para compreender", mas também "compreender para crer", para crer melhor!

Não há, neste texto, indicações de autores nem das Escrituras, que são livremente citadas. Muitas citações, sobretudo bíblicas, seriam conhecidas e familiares, e dispensam sua indicação nas intenções deste escrito narrativo. Outras o tornariam cientificamente preciso, bem ilustrado, mas o deixariam também pesado e talvez rebuscado, e poderiam criar incômodo e estranheza quando se quer dizer de forma simples, quanto é possível, o que é essencial sobre Jesus. Isto não significa que este escrito não esteja ancorado nos autores, nos comentários, nos debates, nas pesquisas, na história da "cristologia". Tudo isso pode ser encontrado nas bibliotecas de teologia. A seriedade e a dignidade das fontes obrigam a considerá-las como merecem e segundo todos os recursos disponíveis de conhecimento. Estão, porém, implícitas, pois não se trata de um estudo de exegese bíblica para constatar a veracidade, as formas e os significados da linguagem e dos fatos do Novo Testamento. Nas fontes, na composição do Novo Testamento, há certamente muita poesia, muita metáfora e alegoria, bom aproveitamento da literatura da época. Isso não diminui a verdade dos fatos. Pelo contrário, a poesia, a metáfora, a epopeia dizem a verdade com a profundidade de sentido que a mera historiografia científica não alcançaria. Além disso, nada é dito por acaso; tudo o que foi escrito tem um sentido que a fé cristã pode e deve interpretar. Aqui, dentro de limites bem modestos, pretendo continuar o caminho empreendido pelos evangelistas, incluindo no fio narrativo as informações que as ciências bíblicas, as ciências humanas e a sabedoria científica em geral dispõem, sem exagerada preocupação.

Ultimamente, os estudos sobre Cristo, de modo geral, retornaram da longa e complexa história dos dogmas, dos conceitos, das definições e tratados temáticos, para a originalidade bíblica, para as narrativas do Novo Testamento e seu ambiente tradicionalmente hebraico e secundariamente helênico. Pode-se tomar cada texto do Novo Testamento, sobretudo os Evangelhos, e examinar a "cristologia" — a compreensão e o anúncio de Cristo — que fazem seus autores, pois cada um tem — como até hoje todo autor, todo teólogo, todo escritor — a sua própria maneira, lógica e coerente consigo mesma, de ver e apresentar Jesus. Como fotógrafos que escolheram, por suas próprias razões pastorais ou simplesmente humanas, um ângulo próprio e diferente dos outros, ainda que todos tenham fotografado a mesma pessoa. Mas pode-se seguir outro método: passar gradualmente pelos diversos autores e seus textos, pelos diversos ângulos de vista, e contar progressivamente as diversas visões, complementares e enriquecedoras entre si, à medida que se narra os acontecimentos da vida de Jesus e dos seus discípulos. É mais complexo e intrincado. E aqui se segue este segundo método. Não é uma novidade: em diversas épocas da teologia se renovou esta forma de narrar os "mistérios da vida de Jesus".

A tradição de São Francisco de Assis vem em meu socorro nesta escolha. São Boaventura, por exemplo, escrevendo sobre os mais altos mistérios de Deus e do mundo, da Trindade, da criação e da história humana, dizia convicto: "Deve-se começar pelo meio, que é Cristo". E diversos franciscanos descreveram, segundo uma inspiração sapiencial, com a inteligência dos substantivos e com o afeto dos adjetivos, Jesus como "árvore da vida", com seu tronco forte, suas raízes antigas, sua seiva de vida, seus ramos que nos alcançam e seus frutos que nos alimentam. Aspiravam mais ao "sabor" do que ao saber. De certa forma sigo esta tendência, como teólogo bem menor. Tão menor que, até pelo fato de acreditar em estrelas, talvez possa chegar a ser criança no Reino de Deus.

\*\*\*

Agradeço ao Frei Zezinho, que leu o manuscrito, e às Irmãs Paulinas, que o acolheram. Dedico este trabalho à pequena fraternidade cristã em que estou vivendo e aos amigos e amigas da Vila Maria da Conceição, em Porto Alegre.

FREI LUIZ CARLOS SUSIN

# A estrela de Belém e de Nazaré

Todos sabemos como começou: uma estrela brilhou no Oriente, e os sábios, de terras distantes, vieram a Israel reconhecer o menino. "Uma estrela grande que nasce no céu é sinal de alguém recém-nascido que será grande na terra", acreditavam os sábios. E foram, como era de esperar, para Jerusalém, a capital, bater às portas do palácio de Herodes. Onde poderiam procurar alguém grande senão em um grande lugar? Criaram, então, a maior confusão: alguém estaria desafiando o poder de Herodes? Mas ele, que não sabia se acreditava nos sinais da religião de estranhos, tinha na corte os sábios de Israel, e estes sim eram confiáveis: doutores da Lei, bons conhecedores das Escrituras. E eles, de fato, acertaram no profeta Miqueias, embora fosse um profetinha do campo, contemporâneo do grande Isaías. Este, ilustre profeta de Jerusalém, quase havia deixado Miqueias na sombra, não fosse alguma coincidência que afamou a ambos. E, no entanto, era o menor, Miqueias, quem dava um bom indício: "E tu, Belém... de ti sairá". E aquela reunião de notáveis de Jerusalém não teve melhor alternativa: "Portanto, é em Belém".

Mateus, mais tarde, contaria tudo isso com certa ironia para uma comunidade cristã já misturada, em que alguns descendentes de Israel não estavam se sentindo muito à vontade com os pagãos que batiam às portas da comunidade nova, pois estes eram gente que trazia crenças estranhas, que acreditava em estrelas, em sonhos. Mateus fazia, deste modo, uma suave advertência aos judeus que agora eram cristãos: em Israel, no tempo de Herodes, tinha-se a cabeça certa, mas o coração errado. Israel possuía as Santas Escrituras e a mais bela tradição. No entanto, Herodes fez desta sabedoria um meio para tentar matar o menino. Os de longe, de outra religião, vinham reconhecer e honrar o menino, e seu sinal era realmente estranho, uma crença um tanto impura aos olhos dos judeus, mas eles tinham um coração reto. O Espírito falou mais ao coração do que à cabeça. E foi assim que em Israel o menino — e, depois, o homem feito — não foi reconhecido pelos "chefes" de Jerusalém. A ambição de poder e todas as perversões que a acompanham lhes fechavam os olhos do coração. Por isso, até hoje o presépio põe junto de Jesus um burro e um boi, lembrando os primeiros versos do profeta Isaías, no primeiro capítulo: "O boi conhece o seu dono, e o jumento, a manjedoura de seu senhor, mas Israel é incapaz de reconhecer, o meu povo não entende!".

Sorriso ou ironia de Deus — ou subversão de Deus —, o fato é que, apesar da resposta certa, mas feita com segundas intenções, não foi a palavra de Herodes que guiou os sábios. A própria estrela, aquele estranho sinal de Deus, considerada superstição, se tornou "estrela guia", conduzindo assim de Jerusalém para Belém, do centro para a periferia. Desceram os sábios de onde reinava esplendidamente Herodes para aquela cidadezinha desprezível de pastores, cujo único orgulho possível era ser a terra natal de Davi, algo que se perdia no tempo e jazia quase esquecido. Mas ali, conforme a informação de Lucas, perto do povoado, numa gruta de proteção para animais e pastores, encontraram o recém-nascido enrolado em panos improvisados, com a mãe e seu bom José, que estavam em Belém só de passagem, cumprindo suas obrigações como todo mundo.

A informação de Lucas é bastante detalhada: José e Maria tinham subido o caminho desde Nazaré, da Galileia, até as montanhas de Judá, para se apresentarem, no lugar de origem, ao recenseamento obrigatório das províncias do Império Romano sob o governo de César Augusto. Havia, na ocasião, grande multidão em movimento, e no meio da inquietação geral, José com sua esposa grávida. Em Belém, diz Lucas secamente, "não havia lugar para eles" — muita gente de fora? Incômodo com mulher grávida? —, e afinal as dores de parto surpreenderam Maria, quase desabrigada. É como se a sombra de uma cruz, uma sina de rejeição e de abandono, já começasse a se delinear na chegada.

Os sábios não foram os primeiros a reconhecer o menino, se passamos de Mateus para Lucas: o menino nasceu em um campo de pastores, que eram gente bronca, dividiam suas vidas com seus próprios animais, dia e noite. Sem instrução, não sabiam ler coisa alguma, muito menos as Escrituras em língua clássica e antiga. Mesmo assim, embora pobres e à margem dos acontecimentos sociais, eram gente de Israel, e, se não acreditavam em estrelas, acreditavam em anjos — e para isso não precisavam ler. Pois foi um anjo — o já famoso "anjo do Senhor", o grande portador das boas mensagens divinas — quem lhes sussurrou enquanto vigiavam seus rebanhos no meio daquela noite, como tantas outras de inverno, que seria, a partir de então, abençoada: "Nasceu para vocês um salvador! Bem aqui perto, como um filho de Davi, um Davi redivivo que reunirá o povo perdido". E completou, como quem diz algo ainda mais inacreditável: "Vocês vão encontrá-lo na manjedoura, enrolado em panos, numa gruta!". Os pastores acreditaram, encontraram o menino com a mãe e se alegraram. Alegria de pobre na terra, alegria de nobre no céu: anjos em multidão povoaram o céu para cantar com eles naquela noite. É assim que conta poeticamente Lucas: "E a glória de Deus envolveu aqueles pobres". E eles, cheios de júbilo, saíram a contar o que viram por onde andavam. Certamente para o meio de outros pobres, não para Herodes e os seus comparsas. Não foram para Jerusalém, pois não era lugar para eles. Aliás, nem os sábios voltaram para lá: Mateus, além de falar corajosamente da estrela e sem receio de dizer que sonhos também falam de Deus, informa que o anjo do Senhor avisou-os em sonho, e os sábios desviaram-se de Herodes, sem voltar, como o combinado, para dizer onde estaria o tal recém-intruso. Foram direto às suas terras distantes. Se deviam contar algo, era para os distantes.

Em Israel, desde que Jacó sonhou com uma escada entre o céu e a terra por onde circulavam anjos, também prosperava a linguagem dos sonhos e dos anjos. Nisso os judeus tinham crença em comum com as outras religiões, dos povos vizinhos. E nem mesmo precisaram esperar por Freud para interpretar, pois isso era imediato. Assim sonharam os patriarcas e os profetas, reis e gente comum. Sonhou também José: o anjo do Senhor avisou-o que devia fugir da polícia de Herodes, que fosse com a mãe e o menino. José não disse nem uma palavra: acordou, e fez o que lhe tinha sido pedido. Para escapar dos mandados de Herodes, precisou se expatriar, deixar sua família, sua língua, sua casa, como havia feito o patriarca Abraão. Havia enfrentado viagem com grande sacrifício, por andar com a esposa grávida, para obedecer às leis dos homens. Agora enfrentaria outra viagem mais longa e perigosa, por andar com a mãe e o recém-nascido em exílio através de fronteiras e desertos, para obedecer aos sonhos de Deus e evitar o sacrifício do menino. Tudo como Abraão. Mas não falou: foi e salvou o menino.

A ira paranoica de Herodes, já corroída pelo abuso de poder, não tinha limites: havia construído, apenas por medo, alguns palácios-refúgios nos lugares mais incríveis — até hoje se pode ver o "herodium" como uma montanha sem cabeça em pleno deserto e o palácio de Massada, uma construção praticamente inacessível a toda conspiração exterior, no alto dos paredões rochosos junto ao Mar Morto. E contra a possibilidade de conspirações intestinas, não teve escrúpulos em assassinar quase toda a sua família. Mandou matar um milhar de fariseus de uma só vez, e o supremo requinte de crueldade e patologia foi deixar prescritas as mortes de uma porção de aprisionados por ocasião de sua própria morte para garantir que alguém a pranteasse. Este era Herodes, o "magno", o grande construtor de seu tempo e o grande assassino de inocentes. Acendeu o fogo da matança para pegar o menino.

Inocentes assassinados por vontade política já era coisa bem conhecida: no tempo de Moisés, o faraó do Egito também teve medo de meninos pobres. Mas um dentre eles foi salvo e tomou nome e semblante de egípcio para salvar os pobres. Moisés está por trás da história de Jesus contada por Mateus. Mas está também a lamentação de Jeremias sobre os inocentes de Jerusalém, que foi arrasada por Nabucodonosor. Então, diz Jeremias, até Raquel, a mãe de Israel, matriarca esposa de Jacó, do fundo do seu túmulo no caminho de Belém, chorava desconsolada sobre seus filhos. E até em Ramá, do outro lado da Cidade Santa, se ouvia tamanha dor.

O menino também nasceu em tempos de morte de inocentes, e isso marcaria para sempre seu destino, como o de Abraão, Moisés e Jeremias. Foi salvo pelo sonho e pela obediência sagaz de José. A morte violenta, no entanto, iria esperá-lo mais adiante, quando ele estava salvando tantos inocentes. Mas isso vem depois. O fato é que, após a primeira infância no exílio, feito povo de Deus no Egito, José sonhou de novo com o anjo do Senhor: "Morreram os que queriam matar, pode voltar". E José não falou: voltou com o menino e a mãe e se instalaram na sua Nazaré. Este é o relato de Mateus.

Lucas, que não fala para judeo-cristãos sabedores das antigas tradições, fica em tradições mais recentes: que o anjo tinha dito à própria Maria para colocar no menino o nome "Jesus", um nome até muito comum para a época, que significa "Deus salva". À parte a ousadia do anjo em modificar a tradição — Mateus conta que o anjo mandou José, o varão, dar o nome, como era costume em Israel, pois José era descendente de Davi —, fez-se o mais como mandava a Lei, e com santa simplicidade: depois de oito dias foi circuncidado e recebeu o nome. Passados quarenta dias, mãe e filho se apresentaram no templo: ela para a purificação e ele, que era primogênito homem, para a consagração, conforme a Lei. Levaram com eles a oferenda dos pobres, um par de passarinhos. Os mais remediados ofereciam um cabrito, um animal melhor. Lucas, que escreve para os pobres, revela a condição humilde de Jesus. E ambos, Lucas e Mateus, concordam que Jesus acabou sendo criado mesmo na pequena Nazaré.

\*\*\*

Era tão insignificante no mapa aquele lugar encravado nas pequenas montanhas da Galileia, que Lucas, ao querer falar de Nazaré para seus leitores distantes, precisava indicar primeiro a região: "Uma pequena cidade na região da Galileia, chamada Nazaré". Pelos restos arqueológicos que lá estão até hoje, não passava da um quarteirão de um bairro de cidade moderna, situada numa encosta pedregosa e quase árida. Nazaré não tinha grande importância nem na Galileia. Não muito longe, na planície fértil de Esdrelon, estava Séforis, a cidade de gente poderosa na região, dona de boas terras agricultáveis. Junto ao lago de Genezaré brilharia, no tempo da pregação de Jesus, uma nova cidade, em moderno estilo grego, Tiberíades, que acabou dando nome ao lago e era uma homenagem ao imperador romano Tibério. Uma cidade romana no coração da Galileia, construída para o controle político e econômico, que favorecia a gente de boas rendas para bons impostos e cercava os caminhos de alfândegas para a receita imperial. E junto ao lago havia também Magdala, a cidade de ricos comerciantes, que, pela constatação da arqueologia, buscavam de longe as pedras para a construção de suas casas. Havia na encosta do lago a pequena cidade de Corozaim, cujos fortes armazéns podem ser vistos ainda hoje. E, quase na mesma direção, mais abaixo, havia Betsaida, uma cidade ribeirinha de pescadores organizados. Nazaré, perdida entre vegetação rala e muita pedra, tinha suas casas praticamente cavadas na própria pedra da encosta e subsistia de seus rebanhos e de suas plantações. Curtia assim sua pobreza. Era pobre, mas decente e organizada: tinha sua sinagoga, seus anciãos, seus fariseus, e uma certa porção sabia ler, pois a leitura da Lei era o que assegurava seu cumprimento e as bênçãos de que precisavam.

A obediência à Lei e aos costumes de Israel garantia aos pobres sua dignidade e sua santidade, mesmo que não entendessem todas as explicações dos escribas ou não pudessem ter o heroísmo dos fariseus. Gente humilde, devota, que sobrevivia obedecendo sem perguntar e sem distinguir o que é de Deus e o que é dos homens, preferia em tudo agradar a Deus. Foi assim que José e Maria também cumpriram tudo o que estava prescrito na Lei sobre o nascimento do primogênito e viviam aquela vida humilde de Nazaré, escandida pela oração e pela recitação da Escritura, pelo trabalho manual, pelas conversas simples e cotidianas. Em tanta humildade vivia o "filho de Davi", o "descendente de Abraão", ou, mais ainda, como diz Lucas sem rodeios, o "Filho do Altíssimo". Portanto, concluiriam os cristãos mais tarde, quando o menino ia pegar água da única fonte de Nazaré para a comida da mãe, era nada menos que a segunda pessoa da Trindade que se acotovelava entre mulheres e outros meninos para atingir a fonte.

Que Jesus fosse da descendência de Abraão era algo óbvio, porque todo judeu se considerava filho de Abraão. Mesmo que hoje se diga que isso tem um valor mais teológico, um significado mais espiritual do que biológico, era isso, afinal, o que contava, o que Jesus mesmo diria mais tarde: ser filho de Abraão é fazer as obras de Abraão. Quanto ao título de "filho de Davi", naquela pobreza esquecida, era algo mais audacioso. Se atendermos o nosso informante Mateus, não só ao narrar o sonho de José em que o anjo mandou que ele pusesse o nome, portanto a sua identidade, a sua continuidade e também um destino ao menino, mas também ao descrever a árvore genealógica daquela humilde família, ele partiu do nome de Abraão, passou por Davi e outros ilustres expoentes de Israel até chegar a José, que deu o nome a Jesus. Linhagem nobre, gente importante, toda masculina, segundo o conhecimento da tradição que tinham os judeu-cristãos para quem Mateus escreveu. Por isso, nas igrejas a imagem de São José é representada com um bastão em flor, o bastão da casa de Jessé, pai de Davi, que voltou a florir. "Machista, como todo mundo", talvez pense alguém mais afinado com Lucas, que deu maior espaço à presença das mulheres no seu Evangelho. Mas não seria justo: Mateus anota, com sinceridade nada machista, que em três momentos muito delicados, quando estava por se perder a linhagem que percorre as gerações desde Abraão, foram quatro mulheres que salvaram, por um fio, a preciosa descendência.

A primeira foi Tamar, dos tempos patriarcais, que era viúva sem filhos e se fez passar por prostituta engenhosa para conseguir do cunhado o cumprimento da lei de dar-lhe um descendente em memória do marido, já que ele não queria desposá-la como devia, segundo a lei do "levirato". Levir significa "cunhado", e a situação já mostrava que parente não era garantia de benquerer. A segunda foi Raab e a terceira foi Rute. Fiel amiga da sogra Noemi, não quis abandoná-la, quando ambas, viúvas e sem mais filhos, migraram de volta para Belém. Abandonar a sogra e procurar um novo marido e filhos, ainda que não fossem mais descendentes de

Noemi, teria sido a via normal, como fez a outra nora de Noemi. Em Belém, Rute, pela lei do levirato cumprida por Booz, acabou se tornando avó de Davi. Esta mulher revela, ao contrário do cunhado de Tamar, que há amigos que são mais do que irmãos, sobretudo quando é uma relação de fé. A quarta mulher é muito controvertida: trata-se da mulher de Urias, apesar do pecado de Davi em tomá-la de seu general, o que revela a fidelidade de Deus em transformar até a miséria humana em meio de salvação. Ela foi mãe de nada menos que Salomão. Assim Mateus revela, na linguagem patriarcal da época, brechas importantes na estrutura machista, por onde passa o desígnio de Deus nos antepassados de Jesus.

Lucas, atalhou o caminho e disse que o anjo encarregou diretamente Maria para dar o nome. E foi mais longe. Invertendo a ordem genealógica, começou por Jesus, já adulto, em plena maturidade, quando estava para desencadear sua missão, passou por Abraão e chegou até Adão. Pelo avesso, pôs a humanidade inteira, representada por Adão, sob o guarda-chuva de Jesus, ao mesmo tempo representante da humanidade e Filho de Deus. Mas Lucas pintou também Maria como representante da humanidade nova diante do desígnio de Deus. Ela é a mulher nova, a nova Eva, mãe fecunda de toda a humanidade. Por isso, enquanto Mateus pôs em relevo a José como interlocutor do anjo do Senhor, Lucas sublinha a figura de Maria: a grande interlocutora do anjo, a grande vocacionada. Assim Lucas ficou conhecido como "pintor de Maria".

\*\*\*

Tudo se resumiu, por longos anos, à pacata Nazaré, onde nada de novo acontecia, onde se estava sempre no meio da mesma gente. E, no entanto, era ali que tudo tinha começado, com um segredo de Maria. Se a moça era bonita, como diz o nome — "Miriam, estrela do mar" —, isso não se sabe. O nome, aliás, também era muito comum, e, provavelmente, também a moça. Como todas em sua idade, estava prometida em casamento, pois o destino da mulher era dar descendência para Israel até que viesse o Messias. Tudo indica que o susto foi grande quando ela entendeu, da parte de Deus, que seria mãe sem chegar ainda ao casamento consumado. Num primeiro momento ficou confusa, precisou colocar em ordem seus pensamentos. Não era a primeira a ter tal impacto em Israel, mas os outros eram grandes figuras da tradição.

Abraão, Moisés, Isaías, Jeremias, todos eles tinham se defrontado com o impossível e tinham feito inicialmente sua objeção, que brotou espontânea desta consciência de impossibilidade humana. O jeito era, apesar de sua pequenez, fazer também sua objeção, sua pergunta, para esclarecer: "Como será possível, pois não vivo com homem!?". O anjo não se fez de rogado, e veio logo em socorro de Maria: "Vai ser obra do Espírito". E segredou um sinal: "Também tua prima, que era estéril, já está no sexto mês. Porque a Deus isso não é impossível!". Então, no segredo inefável daquele encontro inaugural, Maria disse a resposta, a palavrinha "sim". Neste assentimento curto estava suspenso o mundo, se decidia a história. Porque, mesmo que Deus pegue pelos cabelos, como fez com Baruc, o ajudante de profeta que não queria levar comida para Daniel na cova dos leões — ele não era tolo! —, e mesmo que tome a dianteira e vá dizendo sem cerimônias "você vai fazer isso, você vai fazer aquilo", a palavra "sim", livre e pessoal, é sagrada diante dele. Jesus iria respeitar o rapaz que preferiu seus bens e disse "não", ou até Judas, que preferiu entregá-lo. Mas Deus dava uma cartada de absoluta confiança no assentimento de Maria, e se antecipava: Há seis meses, lá pelas montanhas de Judá, descendo a encosta de Jerusalém, na pequena Haim Karim, nas entranhas de uma prima longínqua, outro menino já ia precedendo Jesus. Assim Lucas foi pintando delicadamente a paisagem das origens.

Maria foi ver, mas não só porque o anjo disse que era o sinal da incrível possibilidade de Deus. É que uma mulher grávida iria precisar da ajuda de outra mulher. E Maria foi, viajou em lombo de burro — o que havia na época — percorrendo o longo caminho de subida, ela que começava a mais santa gravidez da face da terra. Não foi temeridade, mas foi risco, um risco bem ao gosto de Jesus, uma dessas coisas que pode até passar de mãe para filho: andar atrás das coisas de Deus sem cuidados por si. Lucas foi antecipando nesses traços o destino terreno do Filho de Deus.

Aquele encontro de humildes do Senhor foi também uma boa notícia, foi evangelização: Isabel se alegrou tanto com a visita da prima que até o filho no ventre se mexeu e também vibrou. As duas mães compreenderam: eram os filhos que estavam exultando pelo encontro, elas eram suas caixas de ressonância. Maria não silenciou, pois o momento não era de segredo, mas de revelação. Cheia de espírito, vieram-lhe trechos dos profetas, dos redimidos, de todo Israel, e cantou. Cantou com brilho e espírito nos olhos, na voz, nas mãos, no corpo todo, até ser toda canto, como se nela se reatasse num hino todo seu povo, com todo seu passado e todo seu futuro, com suas dores e suas esperanças de pobres,

A estrela de Belém e de Nazaré        25

e afinal a humanidade inteira se elevou nela como ao mais alto cume do Espírito. Cantou glorificando a Deus e reconhecendo sua obra de santidade e salvação nela e em todos os humildes. E em seguida pôs mãos à obra no lugar da dona da casa pelos restantes três meses de gravidez da outra.

Certamente Isabel contou a Maria os detalhes, como tudo começou com eles: não foi a Isabel, mas ao marido, como convinha em Israel, que a mensagem de Deus — o mesmo anjo Gabriel, o "assistente", sempre disposto a trazer as notícias divinas — se apresentou. A solenidade da ocasião contrasta com a visita humilde a Maria. Zacarias era sacerdote de turno, e estava no templo de Jerusalém, exercendo seu encargo no recinto sagrado, no coração de Israel. Tendo entrado sozinho, segundo o rito, oferecia o incenso de louvor do dia. Foi desde o altar que ele viu surgir o anjo e ouviu a palavra inaudita. A surpresa foi muito grande, e ele demorou demais para acreditar. Mais do que Maria, a primeira mulher interlocutora de um anjo na situação mais pobre e mais confusa jamais acontecida antes. Então, em vez de esperar algum "sim", o anjo decretou, em nome do Senhor, que ele — sacerdote do templo, homem justo da Lei e da tradição — iria ficar mudo até que tudo se cumprisse. E assim, demorado e mudo, se apresentou diante dos fiéis de Israel que se encontravam no lado de fora, no pátio do templo, cumprindo aquele antigo rito. Só o anjo sabia emendar os pedaços: a mudez no coração da religião de Israel antigo, do sacerdócio, do templo, de Jerusalém, iria dar espaço para a palavra na periferia pobre, em uma Nazaré desconhecida, de uma mulher que, evidentemente, não estava revestida de sacerdócio — naquele tempo, era impensável o sacerdócio feminino. Maria estava em condições mais incríveis do que a esterilidade de Isabel, esposa do velho Zacarias: Maria era virgem. Mas isso só o anjo sabia.

A estranheza era tanta, que Isabel se escondeu, como convinha, nos primeiros tempos da gravidez, sem a palavra do marido que explicasse. E, no entanto, algo estava acontecendo, algo como a gravidez de Ana, que era estéril e só por graça de Deus se tornou a mãe de Samuel, ou como a mãe de Sansão, que foi tomado do Espírito do Senhor. Sansão e Samuel foram líderes e libertadores de Israel. E havia também Sara, a mulher de Abraão, que riu junto com o marido quando os hóspedes disseram que ela, velha e estéril, geraria um filho. Pois bem: Sara deu a Abraão um filho, e eles puseram no menino o nome "Isaac", que significa "sorriso". Não o riso deles, mas sorriso de Deus. No caso de Isabel, só mais tarde, quando o menino foi circuncidado, entre vizinhos e parentes, Zacarias desatou a língua e cantou, mas já na esteira do canto de Maria. E reconheceu: "Tu, menino, irás na frente, preparando os caminhos do sol que irá iluminar os que estão à sombra da morte!". Tudo estava virando pelo avesso, e o menor, o de Nazaré, se tornaria o maior. Lucas tinha a vantagem de entrar nestes segredos depois que tudo tinha acontecido.

*\*\**

Depois de alguns meses não se esconde gravidez, mesmo que seja o pudor pelos segredos de Deus a fazê-lo, e quando Maria tinha voltado à sua Nazaré, a situação ganhou cores dramáticas. Passamos ao relato de Mateus: José, o prometido fiel, não levou tempo para saber que a noiva estava grávida. Não era a possibilidade de uma infidelidade, como muita gente pensa com cabeça pequena. Pelo contrário, a certeza absoluta de fidelidade é que fez José, por sua vez, também ficar pasmo diante da surpresa. E ele, que não falava, fez objeção a seu modo, por uma decisão prática, cheio de respeito e pudor, mas dolorosa: o mistério de Deus era grande demais para sua compreensão, e ele, sem entender e sem ter explicações, se retiraria. O mistério era muito grande, e ele, um homem comum demais, não entrava em tal mistério. Portanto, deveria se retirar. Se a aparência fosse de infidelidade, ele podia e até devia aplicar a lei de repúdio público, condenando a "estrela do mar" ao menos a um apedrejamento simbólico, já que não se aplicava materialmente tal castigo previsto na lei antiga. Mas ele devia condenar ao apedrejamento de palavras, à rejeição pública, à marginalidade, e finalmente à única possibilidade de sobrevivência de uma mulher em tal estado: a prostituição.

José, porém, era um "homem justo", diz Mateus, e este foi o grande elogio, o grande título, de um homem que escutava o Senhor, cumpria sua palavra e, na sua humildade de trabalhador em Nazaré, era um legítimo descendente dos patriarcas, os que escutaram Deus antes de existir a Lei. Assim, José era "justo" antes e acima de qualquer lei. Pensou, em sua surpresa e em seu tormento, que estava sobrando diante do mistério e era justo se retirar, em segredo e em silêncio, sem constrangimentos para Maria, sem ferir o mistério. O que significava renunciar ao seu amor, ao seu lugar e sacrificar a si mesmo. Assim pensou o pobre bom José.

Mas José sonhou pela primeira vez. Em sonhos lhe veio o anjo, o incansável conversador das coisas de Deus, para dar a chave do entendimento, como aconteceu em tempos imemoráveis com o patriarca Jacó ou com o outro José, no Egito. Disse que não tivesse medo, que aquilo era obra do Espírito, que a noiva grávida era para ele um anúncio do socorro de Deus tantas vezes prometido a Israel, e que ele também entrava no mistério. Dele se esperava tanto quanto de Maria. Ela daria o filho, mas ele daria o nome, daria ascendência e identidade — afinal, ele, José, na sua humildade, era descendente de Davi, tinha em mãos o bastão de Jessé, e em suas mãos é que iria florescer. Seria assim o novo e o maior de todos os patriarcas, o pai do "filho de Davi", que iria reunir Israel e todos os povos numa família numerosa. Que ele aceitasse Maria, portanto, do jeito que estava, porque Deus contava igualmente com os dois.

Não foi diferente, desta primeira vez, a atitude de José. Não falou. Acordou, tomou consigo Maria, casou conforme a Lei. E todo mundo, na pequena Nazaré, pensava que Jesus era filho de José, o carpinteiro. E, de certa forma, era. E tudo andava bem em Nazaré. Os anos passaram tecidos de cotidiano.

***

Jesus "crescia em idade, sabedoria e graça" diz reiteradamente Lucas. O resto de todos aqueles anos, quase todos os anos da vida de Jesus, não sabemos. Não foi fácil para muitos cristãos aceitar o véu de silêncio que recobre a maior parte da vida de Jesus. E frequentemente, na história do Cristianismo, a imaginação se pôs a tarefa de satisfazer o desejo inquieto ou ao menos alguma curiosidade: que ele sabia predizer e fazia milagres até brincando com seus companheiros de infância. Escreveram-se Evangelhos "apócrifos", ou seja, pelas laterais, sobrepondo-se aos Evangelhos que nos dão tão parcas notícias de Jesus, tentando assim corrigir a longa e imperdoável lacuna.

Arbitrou, no entanto, o "sexto sentido" da fé cristã, afastando toda essa imaginação exacerbada. Nesses últimos tempos, a mesma imaginação, nas asas do mesmo desejo, voltou sob a capa de hipóteses científicas: Jesus teria se dado o tempo de viajar, de ir para o centro filosófico e cultural do reflorescente Egito, onde se impunha Alexandria, a cidade da grande biblioteca de pensadores famosos, inclusive contemporâneos de Jesus, como Fílon. Outra hipótese trabalha com uma viagem para o Oriente, em direção da venerável sabedoria da Índia. Enfim, teria estudado e se aprofundado, recolhendo muita coisa que viu e ouviu, talvez de diferentes lugares. Uma das últimas e mais tenazes é a de que Jesus se bandeou para o estilo de vida dos "cínicos", de origem grega, pois seu costume inveterado de formar "comunidades de mesa", de fazer refeições como símbolo de novas relações humanas, e ao mesmo tempo suas recomendações sobre a simplicidade e sobriedade de vida, têm algo em comum com o helênicos, até mais do que suas origens hebraicas — segundo tais pesquisadores. Tudo muito filosófico, sem se dar conta de que comer é uma maravilha para os pobres e que simplicidade é algo em que eles são especialistas até por força. Ele, um pobre, filho de pobres, de um lugar pobre — até hoje seria difícil acontecer tais fantasias. Mas o problema crucial não está no dinheiro das viagens, está na violação das intenções de Deus. É realmente chocante aceitar que venha algo de bom simplesmente de Nazaré, sem um mínimo de consideração para com a sabedoria humana, em que Deus poderia ter algo melhor para aproveitar. Aquele minúsculo ponto perdido na região da Galileia não deixa explicações científicas, não valoriza o nobre trabalho da inteligência. Convém um lugar maior, outras influências. O que poderia vir só de Nazaré? Natanael disse exatamente isso, com sinceridade, sem rodeios, quando foi convidado a participar do grupo de Jesus.

Para piorar, sem sair do clima palestino da vida de Jesus, os judeus da Judeia, a região montanhosa onde pontificava Jerusalém, se consideravam mais puros, mais preservados e mais ortodoxos, e achavam que os judeus da Galileia já eram uma mestiçagem lamentável. E perigosa, pensavam os políticos de Jerusalém, pois lá os conflitos exacerbam os ânimos. Homens acostumados ao poder não poderiam esperar que um reforço para libertar a Palestina da recente dominação de Roma viesse da fraqueza e da confusão da Galileia. Um enviado daquela região só teria mesmo um burro de olhos inocentes para cavalgar e um exército composto da multidão de pobres. Sequer sabiam falar direito os galileus, com sua pronúncia interiorana. Pedro seria traído por seu sotaque prosaico na porta do palácio do Sumo Sacerdote, quando a porteira o calçou: "Você fala igual àquele que está sendo interrogado lá dentro, é um deles!". E, portanto, se Jesus falava com aquela pobre língua que sua mãe lhe ensinou, também seu pensamento devia ser muito simples. Não devia ter aprendido uma doutrina abstrata, uma filosofia espetacular.

A condição humilde de Jesus colocou não só os judeus, mas também os cristãos gregos, vinte anos depois, numa situação de decisão humilhante, como se pode constatar pela carta de Paulo aos cristãos de Colossos. Por lá tinha passado um companheiro de Paulo, levando o nome de Jesus como esperança de nova vida para toda a região da Pisídia. Organizou entre os colossenses uma comunidade que logo floresceu. Atrás, porém, vieram alguns convictos de trazer uma filosofia nobre que melhoraria as poucas coisas daquele camponês da Galileia. Esta tendência filosofante e elitista, nos desvãos da história cristã, se chamou "gnose", e ainda hoje está por aí. O apóstolo Paulo, quando soube do que ocorria em Colossos, censurou-os cheio de energia e convicção: "Não deem ouvidos à vaidade da sabedoria humana, aos raciocínios vazios, porque em Cristo habita corporalmente a plenitude da divindade!". Uma resposta categórica aos espiritualizantes, aos doutrinantes esotéricos, aos que acham grosseira tal simplicidade corporal, quase materialista, pobre demais, de mostrar um Deus. O mistério, na verdade, se tornou grande não porque Deus estaria muito além, na mais refinada espiritualidade, mas porque se mostrou bem próximo, tão próximo, que se encontrou aquém das especulações e dos desejos de grandeza.

Aos filipenses, no entanto, seus amigos de coração, Paulo falou abertamente de Jesus, exemplo de servidor de todos. Utilizando um hino que se ia propagando entre os helênicos cristãos, que aproveitava a linguagem gnóstica dos gregos, mas invertia completamente seu conteúdo, Paulo lembrou o mistério de Jesus, completamente ao avesso do caminho ascensional dos heróis gregos: "Ele é verdadeiramente o Filho de Deus, mas abriu mão da condição divina e da sua igualdade com o Pai, esvaziando-se do direito à divindade e assumindo a condição humana. E assim, em sua forma humana e terrena, se fez servidor, fiel à terra e aos humanos de carne e osso, até a morte. Na morte de cruz, violenta e legalmente executada, desumana, está seu mistério mais profundo de renúncia, de humanidade solidária e salvadora, no vazio total". "Escândalo para os devotos judeus, loucura para os pensantes gregos", diria Paulo à comunidade dos inquietos e teimosos coríntios. Trata-se de uma verdadeira "religião às avessas", em que Deus não é encontrado a partir da altura dos céus, mas a partir da humildade da terra.

Entre os gregos, havia ainda o costume de contar as histórias fantásticas dos heróis, os hárpagons que se levantavam em rivalidade com os deuses e conseguiam façanhas para trazer aos humanos benefícios roubados aos deuses. O hárpagon é aquele que agarra, luta e não solta, até conseguir a vitória. Como um arpão fatal, com que até os deuses eram traídos e vencidos. Mesmo na flechinha do cupido, na sedução entre amor e psiquê. Ou na nobre luta de Teseu, que se arriscou e libertou Ariadne das garras do Minotauro, ou nos colossais trabalhos de benfeitoria de Hércules, no espetacular roubo de Prometeu, que conseguiu violar o Olimpo e trazer aos humanos a inteligência e a capacidade de criação. O que os gregos tinham de mais comovente era a sinceridade para o lado trágico de todas essas histórias de desejos de ser ao menos semideuses: Ícaro voou, mas com asas de cera, e quando se aproximou do Sol, derreteram-se as asas e ele se precipitou. Prometeu ganhou a inteligência, mas também ficou acorrentado ao remoer-se das entranhas, à insatisfação supliciante do saber. Pior com Pandora, que abriu a caixa trazida do monte, movida por curiosidade: corre até hoje das cobras que saíram da "caixa de Pandora", como o aprendiz de feiticeiro que se apossou da tecnologia e não sabia mais parar a máquina. O Minotauro enganado por Teseu se assanhava contra a população inteira, e

Hércules foi obrigado a sustentar sobre seus ombros as colunas da terra. E havia também Édipo, que ganhou o poder com sua argúcia e sua força, mas violou até a mãe, e pagou com a violação dos próprios olhos, ele que se julgava "filho das estrelas" e portador de seu brilho. Ou Orfeu, que domesticava as feras e até os demônios ao entrar no inferno com sua flauta para trazer a amada Eurídice, mas acabou não resistindo à prova, não venceu a si mesmo e quis se assegurar de sua vitória olhando para trás, para Eurídice, que se precipitou definitivamente. Os heróis eram trágicos porque eram humanos que tentavam ser deuses. Ora, Paulo e os cristãos cantavam um hino em que se dizia exatamente o oposto: "Ele não se agarrou à condição divina, mas esvaziou-se!". Como um "anti-hárpagon", abrindo mão de sua excelente posição por direito, abraçou a condição humana. Dentro das paredes frágeis da carne, fazer milagres espetaculares como os dos heróis foi uma tentação que Jesus precisou vencer para ser fiel a Deus e a si mesmo, vivendo em pura e indefesa aventura de humano, e não de super-homem. Ele não deixava de ser o Filho de Deus, mas sem condições divinas, apenas como filho da Maria, a vizinha da pequena Nazaré. E assim iria morrer. Este era o mistério de Jesus, que a mãe percebia e meditava em seu coração.

Os nazarenos, antes dos outros, se escandalizaram quando Jesus se pôs a evangelizar na sua terra: não é um filho do lugar? Não conhecemos sua mãe, seu pai, seus parentes? Não se pode ter tal pretensão!

Pretensão mesmo era julgar a novidade de Deus, teimar em querer que Deus seja o que se pensa que ele deve ser. Mas bem que se poderia dar um desconto para aquele pobre povo, tão acostumado a ser gente sem importância e desprezada, tão esquecido entre aquelas colinas pedregosas, que não poderia ser diferente: a ajuda de Deus deveria acontecer com grande poder, com esplendor, e vir para arrasar! A região, nesse tempo, era cada vez mais avassalada pelas incursões romanas, pela tomada de terras para presentear seus oficiais. E os impostos se tornavam insuportáveis, chegando a sessenta por cento do total sobre a produção exígua dos pobres, somando-se os impostos a Jerusalém e aos romanos. Por isso andavam bandos de sicários organizados e bandidos comuns por muitas partes, assaltando e roubando, criando um clima de insegurança e tristeza. Muitos deles eram filhos da terra sem esperanças, desmantelados em seus sonhos jovens.

A gente humilde sofria, assim, duplamente: de um lado, os potentes que pesavam com suas leis, com seus soldados, com seus bajuladores, com seus abusos, com extorsões e castigos; de outro os fora-da-lei, filhos de suas entranhas, dolorosamente deformados pelo ódio e pelo ressentimento, provocadores de desordem pelos caminhos e pelas aldeias, exilados na terra que deveria ser deles. No meio, crescia o número dos desocupados, dos que se sentavam na praça para vender seus braços pelo pão de um dia, sem futuro à vista. E o povo se agarrava a pedaços de seus sonhos, restos de promessas antigas pela boca dos profetas: que Elias voltaria para varrer aquela terra de novo, infestada por adorações estranhas, que Moisés desceria para fazer respeitar a Lei original, que um enviado de Deus vindo do céu, sentado em trono e poderoso, um "Filho do Homem" celeste julgaria aquela situação insustentável. Mas que fosse alguém do meio do povo humilde, tão desarmado e tão comum feito eles, isso não podia ser. O que poderia fazer?

Ninguém conhecia realmente o segredo a não ser Maria. Ela, no entanto, guardava os segredos de Deus, meditava o mistério surpreendente em seu coração como um confidente guarda os segredos do rei, e tocava a vida adiante: trocar os panos do menino, buscar água na fonte, cumprimentar as outras mulheres, lavar, cozinhar. E rezar com o menino ao menos três vezes por dia, como mandava a Lei: "Lembra, Israel, que o Senhor teu Deus é o único Deus". Assim era a vida daquela gente comum, feita de uma santidade simples. Jesus cresceu exatamente nessa quase banalidade, aprendendo as coisas humanas e as coisas divinas, se acostumando com as coisas simples que faziam o dia a dia, andando com o pai na construção ou concerto de casas e de móveis e de tudo o que se precisava fazer com madeira. Ou rodeando algum dos notáveis da sinagoga para ouvir suas histórias e seus provérbios. Ou aprendendo com os pais as fórmulas de oração e os salmos para agradecer e pedir o pão e a chuva, a saúde e as bênçãos sobre aquela vida popular.

Não temos notícias de nada disso em especial. Sabemos apenas que assim era o costume da região, a vida do povo. E isso não dá notícia nem faz história, o povo é anônimo em seu cotidiano. Alguns teólogos cristãos chamariam a este longo período nazareno de "vida oculta" de Jesus, tempo de maturação escondida, em que "Deus se acostumava às coisas humanas e o humano se acostumava a conviver com Deus". Assim, Deus convivia humanamente com os humildes, sem impaciência, sem desrespeitar este mistério de proximidade e de condescendência. Santo Irineu, no século seguinte, insistiu nessa compreensão da "encarnação de Deus" contra os gnósticos que só buscavam a revelação divina na mais sublime inteligência. São Boaventura e outros medievais dariam a essa parte mais longa da vida de Jesus um título que inspirou os pintores do Renascimento: a vida de Nazaré foi o tempo da "conversação" — em latim *conversatio*. É uma palavra quase técnica, que servia para indicar que alguém do mundo, naquele medievo, tinha se convertido à vida de penitente, entrando em alguma confraria penitencial, e estava assim voltado para as coisas do espírito. O que São Boaventura quis dizer e os artistas bem entenderam é que Deus mesmo, com todo o empenho de seu Espírito, antes mesmo de chamar à conversão para as coisas do alto, estava convertendo-se, em seu Filho, para as coisas da terra, do povo, da carne frágil e corruptível dos filhos de Adão. "Conversação", como quem entra na roda da conversa, colocando-se de face voltada para a face da gente simples, no meio dela, participando de sua vida, de seu trabalho e de seu pão. Uma conversão às avessas, de Deus, que encoraja a nossa conversão. Este é o mistério da encarnação. A epifania, palavra grega que significa "revelação que vem de cima", na verdade pasmante, dura ou alegre, foi uma hipofania, revelação que veio de baixo, desde o pequeno e frágil menino do povo. Assim foi, primeiro com os pastores e com os sábios, depois em Nazaré. Mais tarde entraria desse jeito em Jerusalém, e assim virá: o Filho do Homem salvará o mundo que acolhe os pequeninos, porque ele mesmo é pequenino.

No tempo de São Boaventura, no século XIII, já se sabia e se professava com a convicção da fé que Jesus era o Filho de Deus naquela simplicidade toda. Os renascentistas olharam a cena com muito otimismo humano, e quando deviam pintar o menino em Belém ou Nazaré, faziam-no com uma carne terna e delicada, de perninhas fofas e braços estendidos, um convite a tocá-lo, tomá--lo, acariciá-lo. Assim era Deus feito carne, feito criança e ternura humana. Em seus quadros sobre a "conversação", esses pintores colocavam, numa animada roda de conversa — quase uma pose para fotografia —, toda a família, às vezes também Isabel e Zacarias e, claro, os dois meninos: João com um cordeirinho, ele que iria indicar mais tarde Jesus como "Cordeiro de Deus", e o menino Jesus trazendo em suas mãos uma cruz, ele que, desde o nascimento até a morte, carregaria as dores do seu povo. Mas por enquanto tudo estava bem, e a conversação, nesse quadro cheio de humanidade, seguia o ritmo dos fins de tarde às portas e nos pátios das casas.

Até que Jesus completou doze anos. Só então Lucas decide abrir uma janelinha para verificar seu normal crescimento. Doze anos é um aniversário especial, até hoje, entre os judeus. Antes de completar treze, um menino deve se tornar *bar mitzvah*, um "filho da Lei", assumindo-se como um verdadeiro israelita, crescido, capaz de abraçar as leis e tradições, lendo as Escrituras e participando das rodas dos mestres, perguntando e respondendo. No tempo de Jesus devia-se também começar a peregrinação anual para Jerusalém, para o templo. Assim faziam os pais e parentes de Jesus, todos os anos. E assim, quando fez doze anos, começou a ir com eles. O entusiasmo deve ter sido grande, e Jesus tomou mesmo a sério sua missão de israelita: ficou por lá. Deus, que deu a Israel a Lei e o amor à Lei, devia ser amado como Pai através do interesse apaixonado pelos filhos da Lei: "Devo cuidar das coisas de meu Pai, das coisas da Lei". Os pais, por sua vez, começaram a perdê-lo, diria a moderna psicologia evolutiva. E, de fato, quando a mãe escutou a sua justificativa, respeitou-o. E, como fazia sempre, meditou no seu coração de discípula de Deus. Mas Lucas fechou a janela com pudor, informando que Jesus voltou para a monótona Nazaré e continuava ali a crescer integrado às condições nazarenas do povo. Lucas recusou qualquer curiosidade ou especulação que violasse a profunda reviravolta do Deus Altíssimo habitando com os humildes, como já prometia Isaías no capítulo 57, escrito em pleno exílio do povo, se bem que o próprio profeta não imaginasse tanto.

O episódio dos doze anos é a última vez em que se alude à presença de José, e muito discretamente, porque em Lucas é sempre a mãe que toma as iniciativas. Que aconteceu ao justo José? A única conclusão plausível é que ele foi terminando então a sua missão, como Moisés quando chegou às portas da terra prometida para a qual tinha sido encarregado de conduzir o povo. E, como fez com Moisés, Deus o recolhia como fruto já amadurecido, ainda que outros devessem continuar novas estações. Uma vez cumprida a missão, não teria sentido continuar nesta peregrinação terrena. Aliás, isso é tão certo diante de Deus, que vale também a outra parte: se alguém vive neste mundo, ainda que esteja alquebrado por doenças ou idade, ou aparentemente incapacitado, mesmo assim é porque tem ainda missão a cumprir. Quanto a José, só podemos concluir que consumou sua missão e sua vida no anonimato de Nazaré. Maria continuaria em missão mais longa.

Sem a providência de José, Jesus tinha idade para ser o homem da casa. De olhos e ouvidos abertos, de coração vulnerável, conheceu por dentro as misérias e as esperanças fragmentadas de seu povo. "Sabia o que há no homem", esta é a interpretação aguda do evangelista João. Até que, em plena maturidade, quando tinha cerca de trinta anos — é ainda Lucas quem abre a janela, ou melhor, a porta, que agora é para sair e entrar —, Jesus, tomado pelo Espírito, pela voz que vinha do deserto e do Jordão, deixou Nazaré.

# Entre o rio e o deserto

Capítulo II

Os tempos eram duros: a Galileia estava sob Herodes Antipas, um dos filhos de Herodes, o Grande, que continuava a política de boa vizinhança para sobreviver diante dos romanos, donos absolutos do poder. Rodeado dos remanescentes herodianos que debandaram de Jerusalém e da Judeia depois da deposição e exílio do incompetente meio-irmão Arquelau, que era fraco demais aos olhos dos exigentes romanos. O partido dos herodianos vivia da nostalgia das grandes obras de Herodes, do tempo em que Jesus e João nasceram, e não tinha problemas de consciência com o sangue derramado e esquecido que cimentou sua grandeza.

Herodes Antipas havia sido poupado pela política de tolerância dos romanos. Era, na verdade, uma "raposa" sagaz, reinando sobre uma região de menor importância política, mas com crescente interesse econômico por suas boas terras. Estava rodeado por uma corte de bajuladores, vivendo de oportunismo em situação de decadência geral. Não conseguia esconder o medo até dos mortos, e mesmo assim não colocava limites ao seu arbítrio. O último dos seus escândalos foi sua união incestuosa com a própria cunhada, arrancada do irmão Filipe.

Para Jerusalém e a região da Judeia, a fim de garantir a ordem e a paz romana sobre um povo altivo e relapso ao seu domínio, César tinha instalado um procurador no lugar do governo local.

O procurador se estabelecia normalmente em Cesareia, junto ao Mediterrâneo, mas subia a Jerusalém nas grandes oportunidades, como a Páscoa em que sentenciou Jesus. O jogo do poder exigia das autoridades de ambas as partes, judeus e romanos, muito cuidado, pois sobre todos pesava o juízo de César em Roma, a autoridade que estava no alto e distribuía poder e escravidão sem nenhum outro critério se não a si mesmo e ao interesse do império. Da parte dos judeus, em Jerusalém, sobrevivia a autoridade especial do Sumo Sacerdote e de sua classe. As famílias mais poderosas se reuniam no partido paradoxalmente pouco devoto dos saduceus, pois eram quase todas famílias de estirpe sacerdotal. No entanto, desfiguravam a venerável imagem do sacerdote Sadoch, este sim um homem puro do qual os israelitas de coração sincero tinham uma sagrada memória. É que o sacerdócio, os encargos do templo, o que havia de mais sagrado, não ficara imune à corrupção, ao jogo de poder e dinheiro. Contra tais perversões se levantaram os essênios, que buscavam a purificação através da recusa e da separação de um mundo tão perdido.

Os essênios prosperavam nesses tempos de contraste e organizavam pequenas comunidades fora da cidade e até no deserto. Para eles, Jerusalém tinha se tornado uma Babilônia, antro de todos os crimes. O que poderiam esperar dos reis de Israel que há muito tempo, desde os asmoneus, os macabeus, já não eram dinastia davídica? E o que podia haver de agradável no culto misturado a negócios? Sua severidade sem concessões atraía simpatizantes, embora poucos tivessem condições de ingressar em suas comunidades, pois exigiam absoluta integridade. Sua obsessão pela pureza exigia banhos purificatórios diários, e as escadas que levavam aos tanques de banho — como se vê até hoje nas ruínas junto ao Mar Morto — se repartiam ao meio para que não se subisse pisando pelos rastros de impureza deixados ao descer. O mal era configurado em fluidos físicos e cósmicos ameaçadores. E, no entanto, chegavam às raias do paganismo em sua busca de pureza, amavam as Escrituras, veneravam a memória do "Mestre da justiça" executado inocentemente, martirizado em favor da redenção de seu povo. Oravam com fervor e esperavam e até já se aprontavam para o dia em que, qual chefe de um grande exército, o Enviado, o Messias, o Mestre da justiça redivivo, se levantasse dentre eles e inaugurasse com potência um novo reino em Israel, com novo governo, novo sacerdócio, nova religião, o Reino de Deus.

O povo todo, com os essênios, com os fariseus e mestres da Lei, com todos os que conservavam a chama de alguma esperança, "estava em ansiosa expectativa", diz Lucas ao falar do Batista. Foi no meio desse caldo explosivo que se ouviu uma voz forte no deserto. Era o profeta João, o Batista, nas bandas do rio Jordão.

João era um homem do deserto. Lucas descreve paralelamente o crescimento de João e de Jesus, fazendo uma espécie de pintura de dois quadros complementares, mas contrastantes, um *díptikon*, como se vê em vitrais de certas igrejas antigas. João, como vimos, foi anunciado no templo, filho de um sacerdote e da esposa antes estéril, com o povo de Israel presente ao culto, com testemunho de parentes e vizinhos aos ritos de pós-nascimento. Irá preceder, mas também deixar o espaço para Jesus, anunciado na desconhecida Nazaré, filho de uma mulher virgem e solitária, com o reconhecimento apenas de pobres do campo. E, no entanto, a glória e os anjos celestes brilharam em sua noite. O menor contém e supera o maior.

João estava bem arraigado na história de seu povo, cuja principal lembrança era o êxodo pelo deserto. Saído da escravidão e desposado com Javé, o seu Deus, o povo de Israel era parceiro de uma aliança sagrada junto aos montes do Sinai, a caminho da terra e da liberdade. Depois de séculos, João "crescia e se fortificava em espírito, vivendo nos desertos, até o dia em que se apresentou a Israel". Revivia e refazia assim o caminho e o destino de seu povo. Jesus, porém, "crescia e se fortificava em estatura, em sabedoria e graça, diante de Deus e dos homens", participando da convivência cotidiana na pequena Nazaré.

Agora era a voz de João que ressoava com a força evocadora do deserto, do êxodo, do retorno à aliança e à fidelidade em rigorosa penitência. A mensagem profética de João não poupava ninguém, não deixava ninguém indiferente. Anunciava um juízo iminente, o tempo da cólera e da vingança do amor ferido de Deus sobre todas as injustiças e infidelidades à sua aliança. Relembrava, desta forma, algumas escrituras proféticas, como a de Joel, no segundo capítulo, em que se anuncia o "dia de Javé" como um dia de trevas e de tremor. Profeta apocalíptico, a cavalo entre dois mundos — um, decadente como massa para um juízo final, e outro, a ser inaugurado pela mão interventora de Javé —, João varria a casa com o furacão de sua boca. A mensagem de Jesus seria, porém, uma suave brisa, uma notícia boa para o povo, uma novidade surpreendente diante das misérias humanas, a de que Deus se compadecia e partilhava suas dores, e por

Entre o rio e o deserto 45

isso curaria suas feridas. Portanto, não uma notícia de juízo e conversão com tremor, mas uma notícia do Reino de Deus disponível para os pobres e para os corações abertos, conversão com alegria. Não tanto Joel em sua previsão de terror, mas Isaías, no capítulo 35, era evocado na palavra e na ação de Jesus: "Os cegos veem, os surdos ouvem, os mortos ressuscitam". E "feliz de quem não se escandaliza, mas crê nesta novidade, humilde e certa, da salvação", foi o que Jesus mandou dizer a João nos seus últimos dias de cárcere.

A diferença entre João e Jesus, no entanto, não era uma contradição. Como Jesus mesmo iria lembrar aos discípulos, João era o último e a síntese grandiosa de todos os profetas que precederam Jesus, era o representante da história de Israel, último de um mundo que terminava e se colocava como cinza aos pés de quem poderia criar um mundo novo. Jesus, filho da virgem, homem novo de terra virgem, promessa de florescimento, era o primeiro, o primogênito de um mundo novo, menos espetacular em ritos e em leis, mais cotidiano e simples, e no entanto mais divino.

A vida de João, como testemunho profético, correspondia à sua mensagem. Comia e se vestia com as coisas do deserto, em renúncia e expectativa, pois no deserto, como no caminho do êxodo e do Sinai, o Senhor reencontraria seu povo. A vida de Jesus também correspondia à sua mensagem. Gostava da convivência e das coisas que fazem o cotidiano do povo. Não se negaria a uma festa, a um copo de vinho, a uma canção. Foi até criticado por não adotar os padrões dos profetas, e lembraria com certo humor amargo: "Vocês são como meninos na praça, que escutaram a música de lamento de João e não choraram, e agora escutam a minha música nupcial e não se alegram nem dançam, mas preferem me chamar de comilão e beberrão". Para Jesus, a festa seria mais importante do que o jejum, e não tanto porque ele não perdia festa, mas porque era ele mesmo a festa, o noivo, a causa da alegria geral.

Ambos convidaram à conversão. João como um bastão que fustiga, com absoluta urgência, com tempo apenas para uma tentativa de remendo, um gesto final de justiça. Jesus, porém, com o fôlego de toda uma vida nova a começar, uma história nova a plasmar, um caminho aberto ao mundo, por onde percorreriam multidões de discípulos e de discípulas.

Anos mais tarde, quando ambos os profetas já tinham passado, os discípulos de João e de Jesus se olhavam e se reconheciam "parentes", mas precisavam colocar em ordem esse parentesco: quem seguia quem, quem era maior, afinal? Os de João continuavam ainda em seu batismo de penitência e austeridade, e os de Jesus professavam sua ressurreição gloriosa e celebravam festas de ação de graças, a Eucaristia. Havia tanta coisa em comum, mas eram também essencialmente diferentes.

A ordem das relações, segundo lembravam, tinha se invertido: João veio primeiro e sua voz ressoou como o abrir-se de ferrolhos das portas celestes que estavam fechadas havia séculos. Por isso lembrava o retorno do primeiro e do maior dos profetas, Elias. Era como que sua intervenção última e definitiva, o profeta escatológico tão ansiado. João veio com o ímpeto de Elias, a palavra e o gesto forte, vento, ferro e fogo. Jesus veio depois, misturado com os que procuravam o deserto e o batismo de João para entrar nos fervores e na expectativa da intervenção divina iminente. Jesus veio como a brisa suave e cálida que levou Elias da potência e do fogo à paciência e à compaixão ressuscitadora. Assim, João evocava na mente dos discípulos a primeira fase da vida de Elias, mas Jesus lembrava a segunda. Em ambos se cumpria a tão desejada "segunda" vinda de Elias, o primeiro e o último dos profetas.

João foi mestre de Jesus, não apenas seu batizador. Não era incomum a existência de mestres no deserto, e até hoje se tem notícia de diversos, antes e depois de João. Havia gente que rodeava com simpatia as comunidades dos essênios, mas a um preço de dureza e fácil exclusão. Os mestres do deserto, ao contrário, estavam mais abertos à aproximação, ao ensinamento e à ajuda no caminho da penitência, e mesmo que conservassem a severidade nas palavras e nos atos, aceitavam pecadores de todo tipo. João se configurou a um mestre do deserto, e foi a ele, não aos essênios, que Jesus buscou como seu mestre. Esta passagem temporária pelo deserto, junto a um mestre, também não era estranha para os que, tendo chegado à maturidade, quisessem percorrer o caminho de seu povo em êxodo e assumir toda a tradição e a memória sagrada de Israel. Seriam, assim, verdadeiros israelitas, filhos de um povo de patriarcas, de profetas, de reis, da aliança do Sinai. E assumiam desta forma uma identidade gloriosa, a de verdadeiros israelitas. Jesus, homem feito, verdadeiro israelita, encontrou seu mestre de deserto.

Marca do Espírito, e não somente água, foi, no entanto, o batismo de Jesus. Junto ao mestre, começou a superá-lo, até se tornar mestre do mestre. Já no cárcere, precedendo Jesus também no sofrimento e na morte violenta por razões também perversas,

João enviou os seus discípulos a Jesus para fazerem a pergunta de quem quer aprender a ser discípulo: "És tu o Messias?". E Jesus, com a suavidade do mestre que quer facilitar a compreensão do discípulo, enviou os seus sinais, não triunfais nem finais, simplesmente a inauguração humilde de um Reino novo, onde há cura e consolação, tempo de alegria. E que João não se escandalizasse dele, desta forma tão humana do Reino de Deus. Jesus não poupou elogio a João: não houve homem maior na história de Israel que estava terminando. Mas quem entra na história nova do Reino de Deus é ainda maior. E Jesus abria a porta, em primeiro lugar, a João. Claro que, mais tarde, essas memórias ajudavam a comunidade de João Batista, remanescente à sua morte, a entrar, como o mestre às vésperas de seu martírio, na comunidade dos discípulos de Jesus. No Jordão, lembra Mateus ao escrever para os judeus que iam se tornando cristãos, o próprio João protestou sua adesão a Jesus: "Sou eu que devo ser marcado por ti". Jesus já sabia o que João iria aprender depois: que as coisas de Deus não vêm de cima para baixo, mas crescem na humildade e na paciência, nos caminhos muito comuns da humanidade criada por ele. Deus mesmo palmilhou maternalmente os passos do povo, com solidariedade e compaixão, fazendo-se povo, aprendendo e crescendo. Assim Deus mesmo cumpria a justiça. "Você é que deve me batizar, João", submeteu-se Jesus.

\*\*\*

Batismo no Espírito. Mais do que João, foi Deus, o Pai já amado por Jesus, quem o marcou para sua missão, abrindo decididamente os céus sobre Jesus na paisagem daquele rio de decisão e de entrada na promessa desde os tempos de Moisés e de Josué.

Jesus tornava-se a escada viva sonhada por Jacó, o velho patriarca, por onde não só anjos ligavam céus e terra, mas o próprio Espírito procedia do Pai. Enquanto Jesus orava — detalha Lucas com muito cuidado —, viu descer sobre si o Espírito na forma corpórea de uma pomba. Para compreender bem este termo símbolo do Espírito, é bom darmo-nos conta de que estamos diante da pintura de Lucas, pois o Espírito é espiritual, não se vê. Como então narrar tal visão, mais transparente do que o ar puro das montanhas e mais forte do que a morte? O Espírito é vento indomável, é fogo energizante, é água purificadora e portadora de vida, é calor para os frios, é brandura para os abrasados, é o sopro da vida desde as origens, atmosfera cálida da criação, seio divino, respiro de Deus. Entre todas estas figuras, nosso evangelista pintor lembra, no entanto, a pomba amorosa e fiel, que busca o aconchego do seu ninho, imagem terna do desejo, da intimidade, da familiaridade, enfim, do amor e da fidelidade que se tornam fecundidade, pois a pomba sempre volta ao seu pombal, ao ninho.

A figura surpreendente da pomba, vinda dos versos de amor do Cântico dos Cânticos ou da memória de Noé com a sua pomba trazendo o ramo de oliveira e anunciando um mundo pacificado e renovado, se completa e se interpreta melhor na voz pessoal, íntima e amorosa, mas também criadora e missionária, que Jesus escutou do Pai: "Tu és meu filho muito amado, em ti está todo o meu prazer!". O Espírito é o prazer, o eros de Deus, desde sempre. E desde o início da criação habita o mundo, está junto às criaturas. Agora se declara inteiramente, concentrando-se e trazendo o universo aos pés do Filho.

Jesus se sente, se vê, se espelha, se descobre, no prazer de Deus. Tomado pela divina embriaguez do Espírito, sente-se o Filho amado do Pai amante e inverte como que naturalmente o caminho do Espírito no amor de correspondência com que ele retribui ao Pai, como um Filho amante do Pai amado. Neste círculo está todo o segredo, toda a grandeza e todo o mistério da sua mais profunda identidade. O círculo do amor é aberto, e se revela através do evangelista. É difusivo, expansivo e inclusivo, abraçando o universo, cada grande ou pequena criatura, desde os astros longínquos até as frágeis borboletas, no prazer criador e unificante de Deus. No eros de Deus, Jesus se sente um missionário e uma ponte. No rio, naquela hora de oração, Deus e o mundo se encontravam e tinham sua esperança em Jesus.

Jesus se sente "o amado" de Deus, desde sua simples humanidade. Ele, o filho de Maria, lá da perdida Nazaré, é antes de tudo alguém de Deus. Ora, uma identidade humana se ganha no amor e se conquista no amor. Só onde há amor, que une amante e amado, há identidade e unicidade, porque o amante faz o amado ser único e insubstituível, absolutamente importante, inestimavelmente único. Torna-o verdadeiramente um "indivíduo" que sai da confusão homogênea e massificada pela distinção de único e pela preciosidade de inteireza individual que ganha por graça do amante. O amor é uma distinção, uma eleição, uma sacralização. Assim é a lei do amor. O amor torna único, constitui o ser, o valor, a vocação. Gera sempre um unigênito, ainda que no meio de muitos outros.

Só os bem-amados sabem amar bem. Não ser amado, não ser único, é não ser indivíduo, é como ser vazio, é não ser. Sem a experiência do amor que individualiza, que distingue e elege, que afirma a criatura amada no prazer do amante e na unção do amor, não se poderia saber nem avaliar nem tratar bem o dom precioso da vida. Sem individualização e sem autoestima, os mal-amados se tornam mal amantes, inconsequentes, perigosos, violentos e destrutivos. Entram num círculo de desprezo, de repulsa e de ódio aniquilante, uma relação perversa que substitui o que devia ser amor. O ódio também produz filhos à sua imagem. Os mal-amados, feridos de morte e perigosos por suas feridas, precisam ainda de um amor que os redima, que os valorize e os torne verdadeiramente criaturas e humanos. Não há automatismo de natureza humana, nem boa nem má. Nada é necessariamente preestabelecido, a não ser o desígnio de participar do amor. Mas é apenas um desígnio, uma destinação prévia da criatura, não um destino fatal, pois o amor requer liberdade, resposta livre, adesão sem coação. Sem liberdade degenera-se o amor. Pelo contrário, o amor abre um campo imenso de possibilidades, de energias novas, de vocação e de missão. Por isso, tudo depende de uma relação amante: nela se decide cada ser. Jesus, o "bem-amado", se tornava um "bem amante".

Jesus se sentia vivente e vivificante, capaz de transmitir vida, um "enviado" ao mundo, ao seu pobre povo. O amor é como uma fonte que sempre passa adiante suas águas de vida, é sempre efusivo por sua constituição. "A bondade se expande pela própria natureza", concluiriam os pensadores. O amor de Jesus e seu Deus e Pai era o segredo que tinha se desvelado em centelhas pela história de Israel. Foi no amor do pai para o filho que se garantiu a bênção e a promessa entre os patriarcas. No amor de pais para filhos se valorizava o amor entre o homem e a mulher. O amor sempre tem alguma forma de fecundidade, de adoção, de inclusão. Por um frágil fio de vida, nas peripécias de esterilidades, na adoção do servo ou até do estrangeiro, e mesmo na morte, o amor se revelou potente para gerar futuro no benquerer, na voluptuosidade e bênção ao filho bem-amado. Na relação de paternidade e filiação, ao contrário de Laio e Édipo dos gregos, entre Abraão e Isaac não houve concorrência pelos espaços de poder ou medo mútuo e procura da morte do outro. Pelo contrário, Abraão não sacrificou o filho como mandava o costume religioso, e, antes ainda do justo José, foi além de toda lei, por mais sagrada que fosse. Ouviu melhor a voz de Deus que ama e conserva a vida de suas criaturas. Só por isso Abraão teve até a audácia de interceder pela vida dos violentos de Gomorra e Sodoma, oferecendo a sua vida a favor deles. Jesus mesmo lembrava Abraão aos judeus que queriam matá-lo: vocês não são filhos de Abraão, porque ele não matou, não sacrificou, mas conservou a vida, toda vida, qualquer vida.

No amor de Deus, Jesus concorria com a mesma fecundidade de Deus. Desde Abraão, instaurou-se em Israel a boa concorrência, capaz de dar tudo de si, capaz de amar mais a vida do que exercer até o direito de vingança, um dos direitos mais sagrados, revelando assim a face verdadeira de Deus, criador e regenerador para além da cobrança e do equilíbrio da vingança. Mesmo que tenha custado o risco da deposição de armas de Jacó diante de Esaú e de seu exército, para poder se reconciliar com seu irmão irado. Ou as lágrimas de José diante dos irmãos, no Egito, para conseguir perdoá-los e se libertar do círculo destrutivo da vingança natural. Ou da mulher disposta a renunciar ao próprio filho para conservar sua vida diante da sentença fria de Salomão que manda dividir o filho entre as duas contendentes. O amor é uma potência que se exerce na fragilidade cuidadosa e maternal para gerar sempre de novo, delicadamente regeneradora.

No fundo, um pai, um patriarca, alguém que é realmente pai de todos, quer a vida de todos. Assim compreendeu José a predileção que Jacó teve por ele: não foi predileção para ser melhor que seus irmãos e gozar de uma posição desmerecedora dos outros, mas para ser um primogênito no momento da fome e da responsabilidade, para ser o nó de relações de toda a família, capaz de prover o pão, salvar os irmãos e reuni-los ao pai. Ao final de uma volta dramática longe da família, num mundo de política e de poder, reencontrando os irmãos, José reúne a si o pai, resgata quem, no fundo da distância inclusiva, jamais o tinha abandonado. Estas figuras bíblicas esboçavam o drama trinitário de Jesus, do Pai e do Espírito, inclusive no momento abismal da cruz. Mas a união efusiva e terna do Espírito no Jordão precede a prova de fogo da cruz.

Jesus configurava em si o rosto de Deus, e podia ser chamado verdadeiramente de Filho, e Deus seria chamado com maravilhosa audácia de "Abba", meu Pai. Pode-se sondar o mistério: o amor acaba por moldar o rosto do amado conforme o amante e o torna figura e representação digna do amante. Esta é a essência humana, paradoxal, da primogenitura: o amor torna ao mesmo tempo único e primogênito, predileto e servidor, primeiro e ministro de todos. É o desígnio e o segredo do amante para estar no meio de todos os que ele ama: quem vê o filho, vê o pai, porque o filho é a cara e o coração do pai. Os outros irmãos se reconhecem entre si no rosto do irmão primogênito configurado ao rosto do pai. O primogênito assegura a continuidade do pai e da família. Já estava nos ditados bíblicos que o filho é a sabedoria e o poder do pai. O filho seria a defesa e o orgulho público do pai que o tinha gerado no segredo terno do amor. No deserto das bandas do Jordão, Jesus partiria para uma missão pública, cheio de entusiasmo e de autoridade.

É muito pouco dizer que Jesus é Filho de Deus porque é de natureza divina. "Deus é amor", resumiu incisivamente o apóstolo João sobre a essência ou a natureza divina. Jesus é filho do amor. Não é a filiação que faz vibrar o amor, mas é o amor que constitui a filiação e torna idênticos amante e amado. E Santo Agostinho arrematou, na sua teologia trinitária de Deus: por isso Deus é Pai amante e Filho amado no Espírito que é o amor. E avisa que esta é uma das analogias mais altas, mas não chega a dizer todo o mistério de Deus, pois não se trata de uma relação masculina ou feminina. O amor é o eros de Deus, fecundante e criador, está além de nossa melhor analogia. Por esse amor, Deus coloca sempre de novo seu bem-amado entre as demais criaturas para que todas cheguem a ser filhos e filhas de Deus. Encontrado em condição humana, em humildade e morte, Jesus garantiu para todos os irmãos a vida divina. O apóstolo Paulo retoma o ditado bíblico diante das mentes perplexas dos coríntios, afirmando sem rodeios que Jesus crucificado, escândalo para judeus e loucura para gregos, na verdade é a sabedoria e o poder de Deus. Porque Deus gerou um humano entre os humanos, podem-se acalmar nossos desejos de nos tornarmos super-homens pela inteligência ou pelas obras: Deus aceita nossa fragilidade, acolhe nossa mortalidade, ama nossa simplicidade.

Este abismo sublime de amor se abria de maneira nova, sempre nova, por dentro de Jesus, mas desta vez abriu Jesus de maneira ímpar à primogenitura de sua missão. Sua identidade não era apenas humana: o amor que o constituía "Filho" vinha nada menos do que do próprio Deus, seu Pai desde sempre, antes da criação e razão da criação. No amor do Filho todas as criaturas seriam, de certa forma, filhas de Deus. O Filho de Deus "veio para o que era seu", abre solenemente o texto do evangelista João. O Verbo, geração e expressão de Deus, se fez Carne, e a todos os que vivem na fragilidade da carne, o primogênito do amor deu a graça de serem com ele "filhos no Filho". Filho eterno de Deus: de tal segredo, fascinante e frágil na humildade daquele homem entre os outros, os Evangelhos nos conservam, com reverente pudor, apenas o símbolo de uma pomba e o vestígio de uma declaração de amor. Na pequena frase está reunido o amor do mundo inteiro. E também a sua salvação.

\*\*\*

Filho divino, é verdade, mas na mais real espessura humana, era Deus mesmo que empreendia caminhos de missão. Depois do ensinamento de João e do batismo no rio Jordão, Jesus se adentrou no deserto, conduzido pelo hálito do Espírito. Lá o Espírito santificante marcava para Jesus um encontro com sua humanidade e com toda a humanidade, a de Adão e de Eva, dos milênios e talvez bilênios que a história humana percorre entre trabalhos e amores, entre tentações e heroísmos, entre guerras, reconstrução, esperança, frustração. E com a história já multissecular de seu povo de Israel: o deserto era o livro da aliança, mas também o duro caminho de suas tentações e pecados, o lugar da pedagogia divina às suas desmesuradas ambições e da lição de confiança em Deus somente. O Espírito santificante, diante do pecado e das feridas de toda sorte, era também Espírito sanante e regenerador, ressuscitador dos que morrem. Jesus foi tocado pelo Espírito até o extremo do deserto, sob as estrelas e entre animais ferozes, percorrendo e recosturando como um tecido renovado a história mesma da criação dilacerada pelas distâncias e pela inimizade. Todavia, era sobretudo o livro santo, as Escrituras, que alimentava Jesus em seu jejum e em sua oração. Perscrutava-o, olhava nele a face de Deus e a face de seu povo, e a sua própria. Buscava nele as linhas de seu futuro e a missão que o Pai lhe confiava. Era o Espírito que o inspirava e o alimentava através das Escrituras.

Nas entrelinhas, pelas lacunas de obscuridade, para além das curvas do caminho conhecido, no qual o discernimento ainda não alcançava, espreitavam e se esgueiravam as tentações que iriam sombrear inescapavelmente todo o percurso da vida terrena de Jesus.

Conhecendo tão bem, em seu próprio estômago, a fome e a pobreza do seu povo espoliado, Jesus foi tentado a fazer milagres de comida e de fartura. O que poderia fazer de melhor para seu povo doente de tanta carestia? Deus criou o mundo do nada, por uma palavra apenas. Então, com a mesma facilidade o Filho amado poderia transformar pedra em pão. Jesus iria assim aplicar à história trabalhosa de seu povo as leis da criação absoluta, saltando por cima das fadigas que constroem a história, resolvendo tudo instantaneamente, através da magia que imita a leveza sem esforço da palavra criadora original. Assim seria Deus, e não um homem, com Espírito potente, e não paciente. A tentação brilhava no coração compadecido e ardoroso de Jesus. Não era a fartura de bens uma grande promessa de Javé nas Escrituras? O desejo justo se tornava uma efervescente fantasia de poder.

Jesus rezava. Como quem, no excesso de luz da imaginação, mas também na confusão da vertigem sobre o abismo que confunde a realidade com a fantasia, perde o equilíbrio da força de gravidade no seu próprio corpo, inclinado sobre o fundo vertiginoso onde sussurravam sereias de fantasia e promessa, precisava ter a humildade urgente de se agarrar em algo, em alguém, para não cair e não se precipitar. Jesus, de fato, rezava e se agarrava ao seu Pai amado. E o Espírito do Pai o assistia, ajudava a discernir, separando a verdade, ainda que dura, da pseudoverdade, sempre meia-verdade, fascinante, mas afinal diabólica. O discernimento lhe vinha da luz das Escrituras: "Está também escrito que não se vive só de pão, mas da Palavra que sai da boca de Deus". Mais tarde, o povo mesmo daria razão ao Espírito, pois vinha a Jesus não apenas por sua fome de pão e de cura, mas para ouvir a Palavra, para se alimentar da Palavra. No deserto Jesus aceitava sua humanidade e os limites mesmos da humanidade necessitada da Palavra de Deus, sem forçar a marcha paciente da história. Sua missão não deveria extrapolar em divindade e magia. Acalmava o desejo e a fantasia.

São Paulo iria resumir aos filipenses a obediência vitoriosa de Jesus: o Filho de Deus age como um servidor humano e como exemplo, sem voltar atrás e sem agarrar a potência de divindade da qual tinha se esvaziado. Novo Adão, nova criatura, homem novo, aurora da criação renovada, assim era Jesus.

A tentação se esgueirou mais a fundo e mais alto, revestindo-se de boas intenções políticas e até religiosas, não somente econômicas. Não seria interessante ser bem reconhecido e poder guiar, organizar, ter o mundo à disposição para plasmá-lo finalmente segundo uma boa ordem? Não era justo começar pelo coração de Israel, o templo, e tornar-se, afinal, a demonstração deslumbrante e correta dos desígnios e das intervenções de Javé? Não teria direito, como primogênito, a exigir, a purificar, a se lançar na aventura de, finalmente, casar Jerusalém e o mundo inteiro nas núpcias de Javé, sob um reinado divino? Eram, mais uma vez, as Escrituras que fascinavam, que pareciam confirmar, segundo o salmo de Davi: "Lança-te, que os anjos te protegerão". Como um Prometeu, guiado pelas estrelas. Assim iria se cumprir a profecia inaugural de Isaías, de que então Sião seria o mais elevado dos montes e dele brilharia uma luz reconciliadora para todos os povos.

Jesus rezava e se agarrava ao Pai, e a sabedoria do Espírito operava o discernimento, desvelando o fascínio dos desejos humanos, a parcialidade diabólica da verdade, ainda que provada com partes das Escrituras, partes onde o excesso de brilho mascarava versículos à sombra. Sem negar a parte sedutora da verdade que brilhava, o Espírito que sonda a integridade trazia à luz: "Também está escrito: Não tentarás a Deus, não exigirás provas nem o constrangerás a agir". E, renunciando decididamente a qualquer violência diante da gratuidade de Deus, só a ele se agarrando e só dele esperando, Jesus professou: "Só a Deus adorar e servir".

Acalmou-se Jesus, e anjos, em vez de demônios, o cercaram — é o que diz um dos narradores. Provava assim, de forma humilde, em sua carne, não só a reconciliação das distâncias mais ferozes entre as criaturas terrenas, mas também o começo da reunificação da terra com os céus, e era alimentado e fortalecido pelo céu na aceitação do seu caminho terreno, humano e despojado. Jesus vencia com a luz e a sabedoria do Espírito a turbação das tentações.

Em Jesus, a humanidade refazia seu caminho. Desde o princípio da humanidade, a tentação que a acompanha confunde o bem e o mal, elevando o mal à aparência de bem. Só assim pode haver tentação. Como dizia São Gregório de Nissa, o mal desnudo e sincero não tentaria ninguém, porque ninguém deseja propriamente o mal. O mal precisa se apresentar como bem, mentir de saída. E o bem aparente — de belo aspecto e boa promessa — em que se transveste o mal, este se apresenta como tentação real. E o mal tem sua essência escondida pelas razões que precisa mascarar: a criatura no lugar do criador, ser deuses e não humanos. Na verdade, como aconteceu com Abel e Caim, a sua consequência é sempre o homicídio e o desencadear-se da morte na difusão da sua violência.

Tentação, porém, não é pecado. O inocente e o puro também são tentados, e, como observou com fineza Santo Agostinho, são mais tentados do que os outros, por causa de sua altura e de seu desconhecimento do mal. Quem já está familiarizado com o pecado — e, de certa forma, todos estamos — já tem alguma experiência de sua queda, mas ao inocente — e em algum ponto temos ainda alguma inocência — se apresenta a vertigem da "primeira vez", em que se dá a tentação infinita entre o zero e o um, entre inocência e ciência do mal. Por isso Jesus convidou os discípulos a pedir que Deus não os abandone na hora decisiva da tentação: por si ninguém fica de pé.

Jesus disse "não" às tentações de Adão e de Eva, de todo homem e de toda mulher. Percorria, como novo Adão em sua inocência e obediência, por entre as tentações da humanidade, abrindo um caminho novo. Como um Moisés novo, vencia as tentações do êxodo por milagres ou espetáculos divinos para acreditar ou para se beneficiar. Como um Davi novo, rejeitava a forma tentadora de instaurar o Reino pela violência das vitórias que produzem vencidos. Mil demônios têm mais trabalho com um inocente firme em sua obediência do que um único demônio preguiçoso que pode controlar facilmente as portas de uma cidade pecadora. Contra Jesus todos os demônios se desencadearam, por dentro e por fora. As tentações iriam acompanhar, como uma sombra, todo o arco de sua missão luminosa, e mais ainda quando os sofrimentos iriam abismar sua existência. A tentação penetraria com astúcia, com panos de verdade e de bondade, através do grito do povo, para fazê-lo governador e assim arranjar pão e fartura. Voltaria pela boca sonhadora dos discípulos que queriam restaurar a independência de Israel. Voltaria nas proclamações quase histéricas de seu sucesso. Mas tomaria nova máscara no aparente fracasso de sua missão e na dureza de seus interlocutores. Apresentou-se insinuante na boca de seu discípulo mais bem-disposto a tudo, Pedro. O discípulo quis dissuadi-lo do caminho de sofrimentos, e Jesus não teve meias-palavras: "Afasta-te, satanás! O teu pensamento vem dos homens, não de Deus".

Entre brumas, por entre revelações e tentações, esta é a história humana do Filho de Deus e dos seus discípulos. Na última ceia Jesus prometeu a todos os que o acompanharam em suas tentações: não ficarão sem a confirmação e a recompensa celeste; entrarão no Reino de Deus, e, afinal, é isso que importa. Mas não terminaram aí suas tentações. Pelo contrário, tornaram-se mais agônicas no Jardim das Oliveiras, na hora da potência das trevas, e subiram com ele à cruz, conspirando para que abandonasse o martírio: "Desce da cruz, se és o Enviado, e todos vão acreditar que Deus realmente está do teu lado!". É a tentação mais direta contra Deus, no conteúdo e na forma, porque põe Deus em causa, e o faz através do que mais lhe dói, o sofrimento de seus filhos. A resposta de Jesus foi o silêncio e a oração derradeira.

A tentação começou cedo, misturada a seu discernimento vocacional, antes mesmo de começar a missão pública. O deserto, sem artifícios e sem fugas, é o lugar para desvendar os desejos, para provar a carne, os olhos e o mundo, porque é também o lugar dos ventos do Espírito, o lugar do encontro e da aliança, dos esponsais com Deus, lugar de inspiração e de abastecimento da Palavra de Deus que discerne com sabedoria, que dá a vocação e a direção. Por isso Jesus retornaria quase todas as noites, quando se despovoam os caminhos e se apaga o mundo, ao encontro marcado no deserto, palmilhando sua humanidade na alternância entre seu contato missionário com o povo sedento de sua Palavra e seu contato íntimo com o Pai, em quem buscava sua inspiração. Na Galileia, depois de percorridos os caminhos das aldeias, Jesus subia ao monte e orava, escutava a Palavra do Pai. Entre o rio e o deserto, Jesus ficou pronto para a efervescente e dolorosa Galileia.

# A primavera da Galileia

*Capítulo III*

O Batista, à medida que recebia, em seu rito de batismo e em seus sermões de penitência, cada vez mais gente, recebia também oposição e perseguição dos chefes de Jerusalém. Ele passou, então, para outras bandas do Jordão, na região da Galileia, ficando sob o jugo de Herodes Antipas. O pequeno rei morria de medo das palavras de João, mas não podia demonstrar tal fraqueza, e decidiu controlar a língua do profeta encarcerando-o. Lucas nos conta que Herodes, de boa mente, teria matado João, mas tinha medo também do povo.

O encarceramento de João foi um sinal do Espírito para Jesus: agora era sua vez de tomar a bandeira da Palavra. Podia-se apagar a lâmpada de João, mas não a luz de Deus. Voltou decidido à Galileia, transbordando de energia, pois o Espírito o investia e o impelia na paixão pelo Reino de Deus. Mudou-se para Cafarnaum, pequena localidade de pescadores, junto ao lago de Genezaré. Tinha aí a vantagem de se situar na encruzilhada dos caminhos que retalhavam a região em diferentes direções: logo acima cruzava a Via Maris, uma estrada imperial que cortava a Palestina vinda do distante Egito, bifurcando se junto ao lago em direção à Ásia Menor e Damasco, no coração da Síria. Uma estrada circundava o lago por Betsaida, Magdala, Tiberiades, indo costear o Jordão pelo vale em direção ao sul, até a velha Jericó, e aí subia pelo deserto até Jerusalém. Pelo outro lado do lago, Cafarnaum não ficava distante das dez povoações que compunham a Decápole.

Geograficamente, o lago era o centro da Galileia, e em torno dele estava o burburinho da vida. Da Galileia se podia atingir Jerusalém pela Via Maris, que contornava o monte Carmelo entres as planícies verdes de Esdrelon e de Saron até o entroncamento de Emaús, subindo então por um caminho cheio de lembranças patriarcais, como Siló e Ramá, até a Cidade Santa. Podia-se aventurar, também, o caminho do meio, direto e mais curto, atravessando a região dos samaritanos, estreitando-se junto ao monte Garizim, onde se conserva até hoje a lembrança do poço de Jacó, o lugar que celebra a fidelidade do patriarca para conquistar a bela Raquel e gerar o povo de Israel. Além disso, um poço de águas frescas para um peregrino de terras semiáridas sempre foi uma maravilha, um lugar de encontro e de revelações. Mas os samaritanos eram hostis e facilmente se intrigavam com a passagem dos judeus da Galileia que iam ao templo de Jerusalém. Eles tinham seu próprio templo no Garizim e, como Escrituras, só reconheciam os primeiros livros, anteriores ao predomínio de Jerusalém. O caminho mais frequentado, mais discreto, longe dos olhos dos romanos e dos samaritanos, era a margem do rio Jordão, no vale que se ia aprofundando desde o lago até desembocar no Mar Morto.

Jesus se estabeleceu em Cafarnaum, mas de maneira muito provisória, pois, diferentemente de João, começou a andar pelas povoações da Galileia, semeando por toda a parte a sua palavra com uma mensagem e um convite: "O tempo da gestação se completou, é hora de dar à luz: o Reino de Deus está nascendo!

Portanto, é hora de abrir bem os olhos, de receber o Reino e andar em sua direção!". Fazendo estrada, chegou ao seu povoado natal, Nazaré. Na reunião habitual da sinagoga, tomou o rolo do livro de Isaías e leu o início do capítulo 61. Diante dos olhos fixos nele, interpretou sem rodeios: "É hoje, é aqui — o Espírito do Senhor me envia para dar esta boa notícia aos pobres: curar os doentes, consolar os aflitos, abrir as portas da liberdade. É tempo de festa, é sábado, ano da graça prometida". Para nossa surpresa e talvez dele, não foi bem-aceito. Muito pelo contrário, o desconforto geral virou vozerio, pois um pobre igual a eles, filho de uma conhecida mulher do lugar, se fazia poderoso como Deus, e o tal era blasfemo e merecia morrer!

Como na literatura clássica, o ilustrado Lucas narra o episódio com detalhes de execução de um *fármakon*, uma vítima expiatória que é imolada para purificar e dar energia nova ao grupo social, como certas sangrias e catarses médicas. Assim, segundo a sua narrativa, Jesus foi conduzido imediatamente, pela força unânime da fúria popular, a um penhasco. Aí, apertado por todos os lados, deveria entrar na unanimidade geral, condenando-se por sua audácia e sua blasfêmia, saltando ele mesmo para o abismo. Desta forma ninguém seria culpado pelo empurrão, todos seriam aliviados pelo expurgo e pela justiça cumprida. E ele, mais tarde, se tornaria o herói que se sacrificou pelo bem geral, para aliviar as tensões e a violência incubada como se tivesse sido um catalizador. A queda do penhasco era um método bem conhecido na literatura das histórias antigas dos gregos para fabricar culpados que se tornavam vítimas e depois heróis. Fabricação de semideuses, já que não se falava de santos e de mártires. Lucas, nosso pintor, faz o quadro com as mesmas cores, mas com um furo total: Jesus não quis ser vítima nem herói. Não aceitou a verdade da sentença de todos contra ele, abriu caminho sem polêmicas e seguiu adiante em sua missão. O horizonte do Reino de Deus lhe aparecia bem mais amplo. Não seria pelo sacrifício, mas pela misericórdia, que Deus iria estender no mundo o seu reinado.

Em Cafarnaum, voltou seguidamente à sinagoga. Desde a primeira visita, não usou só de palavras, curou, exorcizou, animou os corações vacilantes. E curou em dia de sábado para indicar que era tempo de festa, tempo sabático — mas não o sábado da lei rígida, que pesava mais do que os outros dias. As interpretações e tradições tinham proliferado de tal forma que o sábado, em vez de ser o tempo do repouso e da festa, tinha se tornado o dia da fome e da doença. A repercussão foi grande, felizes uns, enraivecidos outros. A gritaria irrompeu: "Com tal sucesso, aqui está o Santo de Deus!". Os curados, evidentemente, chegavam à algazarra, mas havia também um murmúrio diabólico, a tentação da grandeza religiosa. Jesus precisava, na verdade, lutar com os demônios, começando pelos demônios da religião de sucesso e de triunfalismo, expulsando toda vaidade e manipulação da religião. O primeiro enfrentamento com este tipo de demônios aconteceu dentro da própria sinagoga, o lugar sagrado da religião, em que, por ironia, se aninhavam tais demônios. Raspar a crosta que tornava duros os ouvidos e desmascarar as intenções diabólicas até dos corações devotos, no entanto, era algo que desagradava os que estavam ganhando com a situação, para quem tudo devia continuar como estava. Os fariseus do lugar se sentiram ameaçados em seus postos confortáveis de liderança popular e se uniram aos herodianos para prender também Jesus, como havia sido feito com João, e exterminá-lo em tempo.

Jesus ia adiante, ensinando e curando com a maior desenvoltura e simplicidade. Acorriam a ele caravanas vindas dos arredores e de mais longe, trazendo suas misérias, seus doentes, sua vontade de saber alguma coisa do Reino de Deus por vir. Dele irradiava a energia do Espírito em força curativa, e sua palavra incandescente atingia logo o entendimento e a emoção. Reanimava, restituía a esperança. Os pobres, que vinham para ser curados e escutar sua palavra, estavam fora de si de tanta maravilha.

Jesus trocou a estreiteza da sinagoga pelos lugares abertos, à luz do dia e do sol, à entrada dos povoados, junto ao lago ou no meio dos campos. Na encosta do lago ou sobre a montanha, como Moisés trazendo as coisas de Deus, Jesus ensinava sem o tremor do Sinai e sem a solenidade da Lei. Dele, ao contrário, todos se aproximavam, até o apertavam, a ponto de, numa ocasião, pedir um barco para se comunicar melhor com a gente à margem. O povo — diz Lucas com humor e admiração — "estava pendurado em seus lábios". De fato, suas vidas pendiam e dependiam da boca de Jesus.

O que ensinava Jesus de extraordinário? Jesus retomava muitos ensinamentos dos profetas e da sabedoria. Dizia de novo, de modo mais simples. Que os pobres e os aflitos serão consolados no Reino de Deus, que os pacíficos e os suaves, na verdade, serão os únicos vencedores, que os corações puros enxergam Deus e os sedentos de justiça serão reconhecidos como filhos de Deus. Que todos se empenhassem em ser sal, para dar sabor ao mundo, e luz, para fazer brilhar a glória de Deus, o Pai de todos, num mundo mais justo e mais generoso do que o mundo das leis e tradições que tornam a vida acabrunhada e hipócrita.

Ensinava a rezar de coração puro e com inteira simplicidade, com poucas, mas essenciais, palavras. As obras de piedade, como o jejum e a esmola, deveriam ser uma real renúncia de si e um dom de si sem soberba ou vaidade. Jesus não ensinava contra a Lei, mas exigia a superação dos seus limites, buscando a inspiração que está na sua raiz. A obediência segundo o Reino de Deus não deverá ser uma obediência legal, mas "radical". Por exemplo, é mais radical não cobiçar do que não roubar. E não alimentar o desejo de possuir a mulher de outrem é mais radical do que cumprir a lei de não cometer adultério. Não odiar é anterior a não se agredir. A raiz é o coração, e é aí que a lei deve ser praticada. Mas a vida no Reino de Deus não é só coração, intenção, boa vontade: é mais decisivo praticar a vontade de Deus do que somente escutar e falar e rezar.

E quando se tratava do mais difícil — a misericórdia, o perdão —, Jesus levantava inteiramente o véu da essência mesma de Deus: ele ergue toda manhã o sol sobre os maus e sobre os bons, derrama chuvas no quintal do justo, mas também do injusto; tem uma generosidade materna sem limites, e nisso está sua fecundidade inesgotável e sua perfeição! Ser filho de Deus, ser perfeito como Deus, é então ser amigo até do inimigo, amando maternalmente com a cordialidade de Deus, sem limites e sem retorno. É um amor que supera a natureza das criaturas, mas confia em Deus, pois ele distribui a cada criatura as capacidades próprias, e a capacidade do humano é ser perfeito como Deus. E só isto é essencial. É o essencial para entrar no Reino de Deus. De resto, que contemplassem os pássaros do céu e os lírios do campo, pois Deus os cria e alimenta, os veste e os torna livres segundo sua condição. Da mesma forma, Deus cuida de cada cabelo de nossas cabeças.

Construir a casa sobre a rocha firme, não sobre a areia movediça, é construir a própria vida sobre a rocha da Palavra de Deus. Assim finalizou Jesus certa vez. Este programa de vida, esta mística futurista, se chamou "sermão da montanha", comparado à Lei de Moisés sobre o Sinai. Estas são as tábuas do Reino de Deus, os termos de uma nova aliança, um caminho de sabedoria a ser percorrido com o empenho de todas as energias em direção ao único Reino que importa.

Jesus se tornou um mestre amado, muito popular. Se Lucas nos transmite com muita graça a simpatia do povo — "suspenso em seus lábios" —, Mateus traz a gaiatice do povo, que comparava este novo mestre com os doutores da Lei: "Este fala com autoridade própria, não como os recitadores das tradições". Jesus olhava com grande sentimento para a vida do povo e para o mundo que o cercava. Todo seu esforço não consistia em trazer arcanos misteriosos ou em impressionar pelo palavreado, mas em facilitar o entendimento dos simples. "O Reino de Deus e a sua Palavra são como uma semente que o semeador sai a semear. Vocês sabem que a semente precisa de um terreno bem preparado, e vocês são o terreno. Cuidado, então, com as pedras da dureza que não deixam a Palavra entrar. Ou com os espinheiros das coisas mundanas que abafam a Palavra ao desabrochar. Ou com os trechos tão batidos do terreno como caminhos onde logo os pássaros vêm roubar". E comparava ainda: "O Reino é como o fermento na massa, discreto e eficaz, que se mistura, toca, leveda e faz um bom pão. E vocês são a massa, mas também deverão ser o fermento para as massas do mundo quando o Reino amadurecer em vocês"; "O Reino é como uma semente pequenina, que depois se torna árvore frondosa para abrigar os pássaros. É como a pérola preciosa encontrada no campo: vale a pena vender tudo para comprar só aquele campo. É como trigo bom que cresce misturado à erva ou como a pesca em que se colhe peixes de todo tipo, que depois deve passar pelo exame da boa escolha. O Reino de Deus está dentro de vocês, está no meio de vocês!".

As palavras de Jesus estavam mais para a simplicidade do que para a grandeza e a eloquência. Não entendia quem não queria. E havia quem não queria, mas as multidões continuavam a chegar trazendo seus doentes de muitas enfermidades. Gente que não mais saía do círculo de sua miséria e de sua vergonha, vinha para ouvir, para ver, para tocar Jesus. Não eram só pastores ou sábios do Oriente, como na noite secreta do Natal, pois aquelas eram figuras do que iria acontecer: pescadores, gente da terra que sobrevivia com pequenas plantações, com algum negócio de azeitonas e óleo, com o que conseguissem. Eram cada vez mais mulheres, que deixavam por momentos a luta cotidiana de realizar o milagre de subsistência da casa e também se reuniam aos que escutavam Jesus. Mas também estrangeiros, pelo lado de Cesareia, de Sidônia e Tiro, começavam a aparecer, e os próprios oficiais romanos, na hora da necessidade, vieram a Jesus. As crianças começaram a se sentir em festa por onde andava Jesus, e o rodeavam e misturavam suas vozes infantis à voz dele. Às crianças e aos enfermos de todo tipo se juntaram prostitutas, malfeitores, mal-encarados, pecadores. Jesus lhes abria as portas do Reino de Deus. Um pecador, para Jesus, era como um enfermo que precisava ser curado, precisava ser amado. E ele veio para isso, o bem-amado de Deus, o primogênito e amante de toda criatura. Não queria perder ninguém.

Mateus resume o surgimento de Jesus na sua humilde Galileia como a luz para um povo em meio às trevas, como a vida invadindo radiosa uma região de morte, como a alegria aquecendo corações ressequidos, uma rajada de vida recompondo os ossos destroçados, vento do Espírito ressuscitando os cadáveres de um povo, segundo a visão de Ezequiel. Foi uma surpreendente primavera, em que brotou a esperança e floresceram a consolação e a alegria em rostos novos.

O sol que irradiava tanta luz e tanta ressurreição, que iluminava de novo aquelas faces apagadas, recolhia-se à noite na solidão silenciosa de um quarto pequeno e emprestado, ou sob a proteção de algum carvalho mais generoso, ou ainda junto às rochas das encostas. E aí se aquecia ele mesmo por dentro, com a luz interior do Pai, com o calor de seu Espírito, recarregando suas energias, sua língua, suas mãos. Porque no dia seguinte, ainda de madrugada, chegariam outros, os de mais longe, que a essa hora já se punham a caminho para Jesus.

Uma grande compaixão movia Jesus, e ele não esperava que aquelas multidões, como ovelhas sem pastor, dispersas e feridas, viessem encontrá-lo. Ele mesmo andava ao encontro delas, procurando cada uma para enfaixá-la e reconduzi-la ao abrigo, ao Pai daquele povo de pobres, porque Deus continuava a ser o Deus da aliança, o pastor de Israel caído em tantas desgraças.

No impulso sempre excessivo da compaixão, Jesus curava tocando e se misturando aos doentes. O método não era tão científico quanto solidário, pois a solidariedade da mão que tocava, que abençoava e cuidava, podia ser mais terapêutica do que qualquer outro remédio. Mas era ilegal, apesar da generosidade. Não se podia, por exemplo, tocar um leproso, porque isso acarretava risco e impureza e se incorria na lei de segregação, devendo então ficar fora do povoado ao menos até o cair da noite, quando o esfriamento do ar neutralizasse a contaminação. Por isso, e por tanta multidão e tanto vozerio que cresciam, Jesus não podia mais sequer entrar nos povoados, e devia ficar fora, na região dos impuros e de sua exclusão, curando lá fora, com sua própria presença solidária, feita de misericórdia maternal. Suas entranhas, de fato, estremeciam por tantos rostos e mãos de súplica, e não podia, como uma mãe, afastar um filho "impuro". Pelo contrário, o puro Espírito que se apoderava dele melhorava aqueles corpos estragados, regenerava literalmente, como num batismo de águas curativas, e fazia nascer de novo, nascer do alto, do Espírito. Era o povo que saía para encontrá-lo, libertando-se das discriminações, do que está dentro ou está fora. Sem temor lhe acorriam cegos e coxos, surdos e mudos, mulheres com suas doenças execradas por muitos medos de suas sombras de origens abismais. Conduziam seus paralíticos em macas improvisadas, e seus endemoninhados vinham convencidos ou à força, em cordas. Mas havia endemoninhados que se antecipavam com grande alarido e desconforto geral.

*∗∗

A primavera da Galileia          73

Jesus aprendera o que se passava no coração humano, e sabia até onde as forças demoníacas podiam dominar e desagregar homens e mulheres, famílias e povoados inteiros, até mesmo uma nação. Por isso, curar um endemoninhado significava curar toda sua casa e seu povo. Porque um louco, um demente, um fraco de espírito, é algo útil: serve para se descarregar nele, sutilmente, as frustrações e as sombras de angústias, de culpas e pecados gerais de todo um grupo social. Como os músculos delicados são mais vulneráveis aos furúnculos por onde o corpo inteiro se expurga e se recompõe, ou como os bodes expiatórios, que interessam a uma comunidade inteira para reencontrar não só sua pureza, mas também sua união diante de alguém feito culpado ou inimigo comum, assim os endemoninhados, na verdade, carregavam os demônios de todos.

O endemoninhado de Geraza, por exemplo, servia para carregar a culpa por uma economia suja dos gerazenos, simbolizada na criação de porcos, animal ilícito e prejudicial, "impuro". Não é de admirar que eles, uma vez desmascarados por Jesus na verdadeira origem do endemoninhamento, tenham-no afastado cuidadosamente para salvaguardar seus negócios. Já o endemoninhado, em plena sinagoga, resumia o falso saber e o palavrear as coisas de Deus, pervertendo-as no desejo disfarçado de triunfalismo: "Tu és o santo de Deus!". Demônio da religião milagreira e espetacular, projetado e concentrado perversamente em alguém histérico e estupidamente sincero para interpretar os desejos de todos os presentes. Jesus o silenciou. Seu modo de operar milagres era só fazer viver, como a pobre mulher que envelhecia precocemente ou o homem de mão seca que curou em dia de sábado e podia festejar o reinício do trabalho com suas mãos. Mas Jesus teve, como resposta imediata, a reunião dos líderes religiosos da sinagoga de Cafarnaum, os fariseus. Reuniram-se aos herodianos para silenciá-lo.

A mulher, bem representada por Madalena, por sua condição feminina, carregava sete demônios — que é, simbolicamente, o número perfeito, total —, significando que a "perfeitamente endemoninhada" carregava um enorme exército de demônios, mais do que uma "legião" romana ou gerazena do endemoninhado de Geraza. Nela se projetavam e se concentravam todos os demônios das inquietações e responsabilidades masculinas. Diante do abismo da sexualidade, transformava-se sutilmente o objeto constituído pelo desejo, a mulher, em sujeito do desejo e da tentação, aliado de satanás. A mulher passava a ser culpada pelos desejos dos homens. Sobre a mulher pesava a suspeita de pacto secreto com o demônio. Para escândalo geral, Jesus livrou-a de tal sujeição estendendo-lhe a convivência, a colaboração. Lucas nos relata o fato somente na nova situação, sendo o endemoninhamento algo já passado, sem procurar detalhes: um grupo de mulheres seguia Jesus como suas discípulas e sustentadoras econômicas do seu grupo. Entre elas, a esposa de Cusa, procurador de Herodes, e Maria Madalena, da qual tinha expulsado sete demônios. O importante, para Lucas, é que presentemente há uma mulher livre, de cabeça erguida, ao lado de Jesus, sustentadora de seu grupo.

A gente humilde da terra vivia impregnada desses demônios, constituídos pela mistificação de uma condição deplorável, na ignorância até de sua dignidade, na espoliação de seus poucos bens por meio de impostos que os colocavam sempre em situação de devedores, na introjeção de sua impureza, pecadores por serem gente simples. Carregavam as sombras e os dejetos dos que se sentiam a salvo desse mar de perdição, porque havia os fariseus, que cumpriam rigorosamente todas as leis de devoção e pureza e todas as tradições, formando uma elite espiritual que ao mesmo tempo sabia conservar as distâncias e provocar a admiração. As palavras desmascaradoras de Jesus não pouparam os mais religiosos dos judeus: prática de fachada, mantendo uma imagem de si diante dos outros acima do real, enquanto a verdadeira realidade, seus roubos e suas luxúrias, ficavam por conta das viúvas espoliadas por eles. E havia os abastados, que pagavam em dia suas esmolas, quitando seus débitos com Deus e esperando disso mais prosperidade, numa ciranda que tentava a cumplicidade de Deus. Para Jesus, a pequena esmola da viúva e a pungente oração do publicano agradaram a Deus como a oferta de Abel, mas os ricos saíram de sua face mais ricos de pecado.

O povo jazia entregue a toda espécie de endemoninhamento, indefeso diante das taxações escabrosas de culpas e pecados por não ser santo como os chefes. E essa situação era tomada como bom negócio para os exorcistas de profissão, com receitas garantidas e boa consciência na arte de lidar com os demônios. Exorcizavam, mas em nome de uma sociedade que mantinha ativa a fábrica de demônios, e por isso não queriam exagerar em exorcismos definitivos, já que os próprios demônios tinham seu lado interessante. Jesus perguntou aos seus acusadores se não eram esses os que detinham um pacto com o demônio.

Esta situação se complicava na confusão entre o demoníaco e a potência divina. Havia Mamona e Belzebu, deuses diabólicos da riqueza e da mentira, respectivamente, pelos quais se vendia a alma e se buscavam fachadas sociais. Toda idolatria, que materializava os desejos, simbolizando e catalizando ideais transcendentes em objetos à mão, tinha seus atravessadores, seus sacerdotes e ritos perversos, que faziam bons negócios na comercialização das graças desejadas ou alcançadas. Também a demonologia, que materializava o medo e as sombras de angústia indefinível da existência, tinha os administradores de ocasião que, por um pacto de exorcismo, entravam em círculo vicioso com os fantasmas, alimentado-os paradoxalmente com os próprios exorcismos, afirmando-os pelo fato mesmo do tremendo ritual do exorcismo. No fundo, precisavam de demônios para garantir seu emprego e sua posição, assim como as encenações dos demônios precisavam dos exorcistas para incrementarem seu espetáculo de sujeição e degradação. Portanto, um pacto que encaixava todos os interesses.

Jesus não tinha meias medidas para tratar da situação. Era livre tanto do medo como do interesse. Seu exorcismo não era sequer um ritual, era apenas uma palavra de ordem, de desmascaramento e de cura. O mais importante era sua positividade, criadora de nova situação: fazia surgir homens e mulheres novos, ressuscitados, porque o único espírito que o movia — o único real, que o possuía — era o Espírito Santo, o dedo e a mão do Deus criador e modelador. Com Jesus, tremiam as máscaras, os arranjos macabros. E os libertados já não tinham o que temer.

Na presença dele não havia mais espaços obscuros para potências demoníacas. Os libertados se tornavam discípulos.

Jesus sabia, como todo israelita que lê as Escrituras, que há anjos celestes desde a criação de céus e terra. Criaturas espirituais são potências que fecundam, curam, defendem a criação, que inspiram e anunciam os acontecimentos do mundo, ministros espirituais de Deus. Sabia também, segundo a Tradição corrente, dos anjos de morte, decaídos de sua missão pela arrogância e rebeldia contra seu serviço às criaturas mais humildes. E uma vez pervertidos em sua intenção, jogavam toda sua potência para seduzir, para perverter e alargar seu espaço, seu reino infernal onde impera toda sorte de violências. Assim, as Escrituras interpretavam o bem e o mal no mundo, que não decorria de deuses bons ou maus, que não podiam fazer nada no mundo sem o consentimento humano, que pode tornar-se angélico ou diabólico. E aqui está o principal: Jesus sabia também que muito mais perto da pobre humanidade estão anjos de carne e osso, parceiros inspirados pelos anjos fiéis, que socorrem com mãos de carne e calor, com pão e ensinamento, com remédio e regaço, anjos que não se chamam apenas Gabriel, Rafael, Miguel, mas também Sueli, Jorge, Sara, Luci, homens e mulheres angélicos por sua missão. Afinal, nada poderiam fazer os anjos espirituais sem a parceria desses anjos de carne e osso. E Jesus andava de um lado para outro como um destes anjos, Senhor dos anjos celestes que o serviam, inspiravam e energizavam. Importante, para além dessas crenças e explicações, era o serviço às criaturas mais frágeis e oprimidas por tanto mal. Caíam as máscaras e os conchavos demoníacos à sua frente, arrefeciam as seduções e desencadeavam-se em liberdade os que tinham caído sob as malhas diabólicas. Mas desencadeavam-se os demônios incomodados contra Jesus e travava-se uma luta decisiva pelo mundo.

Jesus conhecia os segredos do coração humano, repete João. Sabia que os demônios de carne e osso, as más intenções e as perversões do coração humano, com toda sorte de vontade de poder, de propriedades, de fama e de luxúrias, virando economia e política organizada, instituições e burocracias, devastavam a criação com um fogo infernal de desumanidade e destruição. Estes são os "anjos do Maligno", seus comparsas, tão mais eficazes quanto mais se identificam com ele, mesmo que isto custe suas almas e dores por toda parte. Há mais demônios do que se imagina, mas não os vemos porque se revestem com fantasias de demônios imaginários, e esta é sua astúcia, uma de suas mentiras desde o início. Na verdade seriam bem visíveis, como gente de boa sociedade, até devotos, sepulcros bem pintados que passam por palácios invejáveis, onde se transita com admiração sem perceber seus porões cheios de cadáveres. Mas infectam invisivelmente com o mau odor que sobe inelutável de seus antros escondidos e assaltam com os fantasmas de seus assassinados, como num teatro de Shakespeare. Foi o que Jesus disse a uma classe de fariseus e homens da Lei que se passavam por melhores, dando-se o direito de espoliar os indefesos sob pretextos de ser profissionais e benfeitores.

Jesus não entrava no círculo dos exorcismos, dos ritos que, sob o pretexto de espantar demônios, na verdade espantavam as mentes expostas e impressionadas com um mundo povoado de demônios. Não era esse o método de Jesus, mas a simples palavra firme e o acolhimento dos curados como discípulos novos. Assim foi com o endemoninhado de Geraza, que sentou aos pés de Jesus como o discípulo costumava sentar junto ao mestre. Assim foi com Madalena, a mulher dos sete demônios, a perfeita e publicamente endemoninhada: tornou-se a seguidora pública, a discípula e testemunha perfeita, imagem da Igreja fiel e redimida. Somente homens ainda não inteiramente livres, como o douto religioso Nicodemos ou seu companheiro sinedrita José de Arimateia, seguiam Jesus ocultamente, hesitantes. Foi necessário o choque tremendo da morte de Jesus para que estes também fossem livres, viessem à luz e se tornassem corajosos anjos de carne e osso no sepultamento piedoso do executado.

\*\*\*

Os exorcismos sem espetáculo seguiam o método das ações maravilhosas de Jesus, seus "milagres": eram simples, francos, até participativos, convidando em primeiro lugar à palavra e à fé. "Que queres que eu te faça?" A aspiração, a confiança, a livre expressão contavam decididamente no método de Jesus, por isso ele sabia fazer tudo bem, tudo certo: devolver o filho desequilibrado à intercessão do desolado pai; o filho morto, às lágrimas e ao desamparo da mãe viúva; a convivência, ao leproso excluído; o caminho de discípulo ao paralítico marginalizado em Jericó; a visão de uma nova fé ao cego no templo; o perdão a quem o peso de suas culpas deixava paralisado.

Nada de milagres exibicionistas, de espetáculo de fogo vindo dos céus ou de gritaria de multidão. O interesse de Jesus não estava voltado para ele mesmo, nem sequer diretamente para a glória de Deus, pois Deus só seria bem glorificado na salvação e na vida dos pobres. Se o Reino de Deus era para todos, então eram os pobres o grande desafio desse Reino, e para eles Jesus tinha uma materna predileção, como já vinham mostrando os profetas que falavam em nome de Deus. Afinal, não ama a mãe com privilégio especial o filho distante até que chegue, o filho doente até que se cure, o filho pequeno até que cresça? E não vem o médico para o doente? Não deixa o pastor as ovelhas já abrigadas para buscar a que se perdeu? Ser para todos significava, antes de tudo, ser para os que estão fora, para os mais ameaçados. A misericórdia era o olho, o ouvido, o olfato, o faro, o regaço e preocupação, as dores maternas de Jesus.

O milagre de Jesus foi algo muito diferente de uma mera suspensão de leis da natureza. Esse, aliás, é um conceito moderno de milagre, dependente da ciência moderna, que supõe um mundo tecido por uma trama de leis gerais, repetitivas, sem novidade criativa, como um sistema já concluído e conhecido, um "sistema fechado". Nem os medievais e menos ainda o povo da Bíblia condividiria tal parcialidade. O mundo é afirmado nas Escrituras como criação de Deus, e está em pleno fluxo de criação, em devir criador, sabiamente disposto por leis abertas, num sistema maravilhosamente complexo, mas aberto, em que o melhor ainda não foi criado, está ainda por acontecer — o Reino, a Parusia, Novos Céus e Nova Terra. Nada mais natural, portanto, do que as surpresas de Deus, a criação em andamento, milagres sem oposição à natureza, como notas de uma melodia que flui harmonicamente numa grande sinfonia em direção ao Grande Final e que nem a imaginação pode ainda desenhar.

O que realmente extasiava os pobres e irritava os notáveis era a suspensão de leis sociais e até religiosas, de tradições enrijecidas e doentias que os interessados sustentavam tenazmente. Extasiava uns e irritava outros a liberdade com que Jesus rompia o sistema fechado e férreo das convenções humanas que se amparavam em fachadas sagradas. Milagre maior, no entanto, era Jesus sentar à mesa com pecadores, deixar-se seguir por mulheres, convidá-las a ser discípulas, colocar um menino na roda dos adultos como exemplo da entrada no Reino. E, coisa ainda maior, perdoar pecados como Deus mesmo. Estes eram milagres que mais encantavam e mais escandalizavam, porque libertavam das opressões não impostas por mãos da natureza, mas por mãos humanas, desumanizantes e malignas.

Na verdade, nossos evangelistas tiveram o cuidado de não usar a palavra *milagre*, como era costume na época. A palavra grega teria sido *téras*, e significava os atos heroicos de semideuses ou dos próprios deuses que faziam obras espetaculares em favor da raça humana. Ou obras terrificantes para submeter à adoração e à obediência. Os evangelistas preferiram simplesmente contar as coisas que Jesus fazia. Marcos lembra o cuidado que Jesus dispendeu para que não se confundissem suas obras de misericórdia com obras fantásticas. Ele proibiu reiterada e severamente que se levantasse a tentação de extrapolar sua condição humana e servidora. João preferiu denominar as obras de Jesus como sinais, mas sinais no sentido de semente — a palavra grega usada por João é *seméion* —, o que faz entender a obra de Jesus como uma semeadura do Reino, seu humilde germinar, que precisa de colaboração, terreno preparado, nascimento e cuidados, até o bom final da história. Mas os sinais de Jesus, como sementes, já portavam dentro de si toda a potência e promessa da árvore futura e dos frutos garantidos. Por esses sinais se podia saborear desde já, antecipadamente, o Reino de Deus em sua maturidade futura.

O sinal dos pães não deixa dúvidas sobre o método de Jesus. Era seu costume, pressionado pela compaixão, atardar-se com a gente numerosa que vinha escutá-lo e se fortalecer com sua sabedoria. Verdadeiro pastor, via aquela gente como ovelhas dispersas. Não só por falta de pastor, mas até porque falsos pastores tornavam ineficaz a promessa de que Israel seria o rebanho ao qual não faltaria bom pastor. Mesmo cansado, Jesus distribuía sua palavra como um verdadeiro pão para a fome do povo. Mas sabia também que todos precisam comer, ter o estômago também em paz, uma paz básica, material, a justiça primeira, da qual se diz "o homem que come não é perigoso, é o mais justo dos homens", pacificado e contente. Antes de despedir a multidão, Jesus quis dar de comer. Mas "a gente é muita e o pão é pouco", objetaram os discípulos com toda razão do mundo. Jesus, no entanto, partilhou com eles o método para alimentar todo aquele povo: "Tragam o pouco que têm". Ora, arrancar de si, de sua propriedade, a pouca reserva e colocar à disposição de todos, este já era o primeiro milagre daquela tarde, feito por um menino, um desses modelos não contaminados pelo medo adulto de se separar de seus bens. Jesus chega ao coração do método: abençoa aquele pouco, colocando-o sob o olhar de Deus, da sua compaixão e das suas intenções criadoras. E, como diz o povo, "o pouco com Deus é muito — e o muito sem Deus é nada". Jesus dá daquele pouco abençoado aos discípulos para que o distribuam. Aqui está outro milagre rompendo sistemas fechados: a coragem de distribuir, mais difícil do que a capacidade de multiplicar, confirmada pela economia moderna, que sabe multiplicar com muita tecnologia e não tem coragem ética para a distribuição, criando, ao contrário, um sistema que justifica a acumulação, a capitalização, enfim, o capitalismo pseudocriador. No método de Jesus, surpreendentemente, se inverte a ordem: primeiro o ato de distribuir, e só distribuindo e partilhando é que o pão vai sendo alcançado por mais um e mais outro, até dar para todos. Não faz assim a mãe que põe na panela a quantidade certa, pensando antes de tudo em quantos vão chegar à mesa? Multiplica porque tem de antemão a distribuição. O milagre maior, portanto, está na distribuição. A bênção da distribuição foi confirmada ao dar para todos: a multiplicação, a mais pura consequência. Nas seis insistentes e detalhadas narrativas em que os evangelistas trazem tal fato, como que por ironia do método, não se menciona em nenhum momento a palavra "multiplicação". Ela é uma alegre dedução dos que participaram da partilha, da distribuição, esta sim uma palavra farta e eficazmente usada.

Jesus se habituara a reunir "comunidades de mesa", a fazer da mesa e do pão um momento visível de sua vida e de sua mensagem sobre o Reino de Deus, sobre a fraternidade sem distinções, sobre um mundo que estava ensaiando seu nascimento através da comida repartida à mesa. Mas Jesus não quis tornar-se uma fonte mágica de fazer comida. Esta foi uma tentação diante da fome do povo e da vontade que o povo teve de colocá-lo à sua disposição. Ele ensinou o método e o tornou participante. Mandou os discípulos recolherem o que ainda sobrava. Há quem diga "sete cestos", perfeita abundância. Mas também "doze cestos", um cesto às costas de cada apóstolo, para que eles e as comunidades futuras, por onde andassem, continuassem sempre a bênção e a distribuição do pão, a Eucaristia do corpo.

\*\*\*

Jesus acolhia a todos "sem acepção de pessoas", um juízo justo e irrefutável que até os irritados chefes não podiam negar a Jesus. Não se recusava a ninguém. Os pobres e os pecadores, suspeitos de trazer desgraças e impurezas, podiam se aproximar dele sem temor, com mais certeza de ser contaminados pela graça regeneradora dele do que infectá-lo. E também procuravam a Jesus alguns doutores, alguns escribas e fariseus, ainda que fosse por curiosidade ou para experimentá-lo. Jesus não recusava seus convites, suas discussões, suas festas, mas não renunciava à integridade da verdade nem se deixava contaminar por seus raciocínios.

Conta Lucas que à mesa de Simão, o fariseu que o queria ver de perto, Jesus deixou que uma mulher de má fama lavasse seus pés. Diante do fariseu escandalizado, Jesus simplesmente mostrou como a ordem real era o avesso daquilo que aparecia: ela o recebeu com o serviço do lava-pés e com o beijo da hospitalidade na forma mais humilde e carinhosa, enquanto ele, o devoto, não fizera o dever dessas coisas. A ele, pertencia de direito a má fama que ela carregava, e a ela a redenção de tudo o que se projetava sobre ela e lhe impunha tal fama, "porque muito amou". O amor desmesurado de Deus é redentor e cria um círculo de salvação entre o amor e o perdão: a quem se perdoa se devolve a capacidade de amar, e a quem ama se perdoa com a mesma grandeza. Mas antes de certificar a mulher de sua graça, Jesus contou uma pequena parábola: a do fariseu, evidentemente devoto, e do publicano, evidentemente pecador. Eles foram ao templo, o primeiro orando como quem fazia contas com Deus, e o segundo, sabendo-se indigno, a confiar na misericórdia de Deus. O publicano saiu com a graça de Deus, mas o fariseu saiu com um pecado a mais. Depois Jesus despediu a mulher e se despediu de Simão. Ele era o templo, era Deus mesmo vindo a eles.

Esta "virada de mesa" é uma especialidade das recordações e observações de Lucas. Jesus, à mesa de um anfitrião abastado, contava: um pobre, Lázaro, jazia sentado com seu cão à porta de um rico filho de Abraão, desejando comer ao menos as migalhas da mesa em que o rico se banqueteava. Mas só o cachorro aliviava suas feridas com a língua. Somente a morte mudou e inverteu seus destinos: Lázaro foi acolhido por Abraão no céu, e o rico, no inferno, desejava uma migalha de Lázaro, o socorro de sua língua para abrandar seu tormento. Pedia que ao menos o morto fosse avisar sua família na terra para que não tivessem o mesmo destino. Mas não se concedem visões extraordinárias de mortos para quem recusa a visão ordinária, cotidiana, dos Lázaros em que fala Deus e julga o mundo.

Jesus, porém, se habituara à mesa dos pobres, dos que eram considerados gente de má fama. Sobravam-lhe, assim, críticas dos bem pensantes. Por isso, continua Lucas, contou também a historinha do pai e de seus dois filhos: o primogênito permaneceu com o pai, enquanto o mais moço se arrogou o direito de herança, tomou-a e se perdeu na vida em festas. Até que conheceu a amargura da fome e do trabalho forçado. Voltou-lhe, então, à memória a figura do pai. Porque ele tinha abandonado o pai, mas o pai não o tinha abandonado. Se, em outra historinha, Jesus contava que o pastor saía à cata da ovelha extraviada, nesta o pai respeita a decisão do mais novo, deu sem contenda a herança e o viu partir sem violentá-lo em tão dolorosa ruptura. Mas certamente lançou sobre o filho um olhar de misericórdia tão longo que jamais se afastou do filho distante. Ficou no fundo dos olhos e da memória do filho perdulário e veio à tona na hora do sofrimento. Sabendo quem era o pai, tomou coragem para voltar, preparando bem o que iria dizer. Mas foi o pai, agora sim, quem tomou a iniciativa, foi ao encontro, ao abraço em que se sufocou a fórmula ensaiada para confessar e pedir misericórdia. A ordem era de festa, exceto para o primogênito, que se excluiu com protesto de reivindica-ção de seus direitos caseiros. O pai foi também ao encontro deste filho de coração duro que quis, por sua vez, ficar fora: "Seu irmão estava perdido e foi encontrado, estava morto e agora ressuscitou. Convém alegrar-se, olhe-o com os meus olhos". Jesus interpre-tava assim o coração de Deus, o Pai que ama justos e pecadores, que faz festa nos céus por um pecador que retorna na terra, e convida todos os justos do céu e da terra a se alegrarem pela vida nova dos perdidos.

Jesus continuou rodando pelas festas do povo. Para garanti--las, pois, no fundo, era ele a festa. João diz, de saída, que Jesus garantiu a festa dos noivos em Caná. A mãe de Jesus estava lá; as mães vão antes porque se põem a arranjar as coisas da festa. Jesus era um convidado, com os discípulos, mas quando acabou o vinho e iria acabar a alegria, a mãe colocou Jesus no meio, para salvar a situação. E ele roubou a festa dos noivos, tornando-se o número especial da noite. João quer dizer exatamente isto: Jesus é a festa, é o noivo, traz o banquete com sabor de Reino de Deus. Por isso, conclui João, naquela festa todos viram um sinal da glória de Deus, uma primeira amostra do banquete messiânico cantado pelos profetas, trazido pela boca de Jesus. Mas não pararam a missão, era apenas um belo começo, o primeiro sinal. Jesus saiu com seu grupo e a mãe junto, que não era tão caseira como se disse mais tarde, porque andava muito, desde moça, e agora circulava pela Galileia com ele, se antecipando sempre, expandindo sua maternidade por toda a parte. É o que se lê em João, no final do acontecido em Caná, no capítulo 2.

Nunca se testemunhara um tal acontecimento naquela atribulada região. Havia alguns anos que a Galileia tinha sido estigmatizada por um movimento de revolta terminado em sangue. O grito dos rebeldes incendiou corações e povoados. Os romanos foram cruéis na retaliação. Os sonhos foram reprimidos e se perderam. Agora estava aí um homem novo, um modo novo de levantar os rostos abatidos, e o vento cálido do Espírito arejava as almas e os corpos. Era uma primavera que nunca alegrara tanto os olhos antes. Recendia a perfume do Espírito, luz de Deus a vitalizar a pele ressequida, a florir a boca com palavras de louvor e com sorrisos de vida nova. O orvalho forte e generoso da Palavra de Deus se tornava chuva abençoada na boca de Jesus. Era o Reino de Deus, era Deus que caminhava entre eles e semeava assim o seu Reino.

\*\*\*

Jesus simplesmente exercia sua primogenitura. Levava a sério seu papel, seu companheirismo adulto e responsável de filho primogênito diante do Pai. Administrava a Palavra e semeava o

Reino do Pai. Portanto, se Jesus sentava à mesa com pecadores e acolhia mulheres e meninos perto de si, era porque Deus mesmo estava agindo assim. O Pai assinava e dava inteiro aval ao Filho primogênito na sua empresa do Reino. Deus mesmo era aquilo que Jesus mostrava, um Deus compassivo que estendia suas asas de misericórdia para os excluídos, para impuros e endemoninhados. Era Deus que curava, consolava, trazia seu Reino para o meio dos pobres. Jesus falava do Reino de Deus, não de seu reinado pessoal, e o que ele fazia e falava eram sinais de que Deus estava mesmo colocando o seu Reino à disposição de todos, em plena gratuidade. Mostrava desse jeito o que significa a graça de Deus. Ele, o Pai, revelava seu coração no coração de Jesus, o pai através do filho. Tal filho, tal pai. Quem procurava Jesus encontrava, na verdade, um caminho que ia além dele. Por ele todos poderiam percorrer o caminho da filiação, pois Jesus revelava em primeiro lugar o jeito de ser Filho. No seu modo de ser não só descortinava os traços do ser do Pai, o mistério de Deus, mas também um convite aos discípulos para ser como ele, para se tornarem filhos de Deus. O primogênito, nó de todas as relações, era assim fiel ao seu encargo, à sua primogenitura.

No coração de Jesus, no seu segredo e no seu centro, estava o Pai que energizava Jesus com o amor do seu Espírito. Mas nem o Pai nem o Espírito, como nem Jesus, se importavam consigo mesmos e com a própria glorificação, como se necessitassem da vaidade de um elogio. Importava-se Deus, o amante da vida, com suas criaturas mortais, e na vida nova das criaturas encontrava sua glória e sua delícia. Um Deus absolutamente livre de qualquer narcisismo e de exigências para si mesmo rompia as cadeias de toda religião que se assenta sobre desejos e medos, formando ídolos e demônios. Desfazia a nuvem pétrea de ídolos e demônios, mas rompia também as cadeias da religião endurecida que sepultava o próprio Deus vivo e amante da vida numa imagem feita de leis e de tradições, de ritos, de templos, de sacerdotes e doutores, de complicações doentias. Rompia com a imagem de um Deus somente Altíssimo que acabaria ficando longe de suas criaturas, numa transcendência metafísica, etérea e irreal. Ele sempre foi o Altíssimo, mas se mostrava simples, pai dos pobres, habitando com os humildes — como vislumbrava Isaías no exílio. Agora se verificava, se apalpava, como exclamou João no final da sua história: Deus é o pai dos humildes porque seu Filho é irmão dos pobres, próximo dos pecadores. Deus é sem discriminações, Deus que não julga, mas salva, porque Jesus, o rosto e o coração do Pai, não joga fora ninguém que venha a ele. "Foi o Pai que os enviou a mim", pensava Jesus. Não atribuía a si mesmo o Espírito que estava em suas mãos e em sua boca. "O Pai me mandou fazer estas coisas, porque ele mesmo faz assim", respondia para quem quisesse saber com que autoridade fazia tudo aquilo. Jesus, o Pai e o Espírito eram um só!

De maneira nova, surpreendente, mais humilde e mais sublime, podiam lembrar os que o rodeavam, à medida que fulgurava nele a esperança quase perdida no "Filho do Homem". Pois o Filho do Homem viria, segundo o anúncio profético, para julgar o mundo e trazer uma sentença de ordem nova sobre a terra. Todavia, que viesse com a palavra de perdão e de reconciliação deste homem suave de Nazaré, isso superava as expectativas, para admiração dos pobres e perplexidade dos bem pensantes. Os de coração puro, os que andavam à procura das coisas de Deus, os que esperavam a vinda do dia do Senhor sobre seu povo, procuravam Jesus.

***

Desde seus primeiros dias missionários, junto ao lago da Galileia, foi se formando em torno de Jesus um grupo de simpatizantes que o acompanhavam. Foram se tornando seus discípulos mais próximos. Aos poucos, primeiro dois irmãos — João, um dos nossos evangelistas, e Tiago. Depois outros dois irmãos, que deixaram o pai e o seu grupo de pesca, Pedro e André. E outros, que foram sendo convidados, acolhidos com muita naturalidade por Jesus. Alguns foram avisados por terceiros, por seus companheiros. Assim André, que passou do Batista para Jesus, chamou Pedro. Filipe, da mesma cidadezinha de Betsaida, chamou Natanael, o difícil. Outros, o próprio Jesus surpreendeu com a iniciativa do convite. Foi o caso de Mateus, outro evangelista, que não se podia imaginar aceito por um mestre de Israel, ele que cobrava impostos e por isso era malvisto pelos chefes judeus e pelo povo. Afinal, era um colaboracionista, um traidor e um pecador. Jesus, com o estilo de Abraão e como novo Moisés, olhava mais o futuro do que o passado, se fixava mais no Reino que devia florescer do que nas tradições já ressequidas, e as portas de sua companhia estavam abertas aos pecadores. Por elas entrou também um Simão que tinha sido zelote, da gente que andava armada tentando subverter a ordem tirânica dos romanos e seus lacaios.

No grupo de Jesus tinha mais: algumas mulheres, para encanto de uns e desapontamento de outros, surpresa para todos. Seguiram sempre o mestre, desde o início na Galileia. E seriam elas a ficar firmes na hora dolorosa da execução em Jerusalém. Jesus desfazia todas as sombras de projeção diabólica sobre a condição feminina, dando às mulheres a plena acolhida como discípulas. Entre elas, Lucas enumera a própria esposa do procurador de Herodes, gente abastada. Com as outras, e com os bens que conseguiam, sustentavam o grupo de Jesus. Lucas continua revelando nomes, como o de Maria da Magdala, a quem a tradição, teimosamente machista em vinte séculos de Cristianismo, não só considerou pecadora, mas também prostituta, um abuso de interpretação. Até pode ser, mas assim como a mulher de má fama que lavava os pés de Jesus, de nenhuma, como de nenhum discípulo varão, se explora o passado. Apenas se avisa que os sete demônios que pesavam sobre Madalena já não existem, e o importante será seu futuro de discípula e apóstola. João confirma Lucas quando, junto à cruz, olha para Madalena ao lado da outra Maria, a mãe de Jesus. Ela, a redimida, é a discípula que acolhe o dom da vida de Jesus em nome de todos os discípulos futuros.

Já houve tempo em que se venerou Santa Madalena de maneira mais marcante na Igreja, com o título de "apóstola dos apóstolos". O romantismo do século XIX quis cantar de maneira profana seus cabelos de pecadora morena e obscureceu a luz que ainda não encontrou suficiente espaço no mundo cristão. Na hipótese de ser uma mulher caída na prostituição — que o Evangelho não fala —, não disse o mestre que prostitutas e pecadores têm precedência na entrada do Reino? Mas a dificuldade de abrir uma cunha no preconceito era tal, que Lucas não encontrou a palavra "discípula" ou "apóstola", no gênero feminino da sua língua, e precisou usar uma circunlocução: "Os discípulos e as mulheres que seguiam Jesus desde a Galileia", o que, acabou realçando para tirar qualquer dúvida.

Num daqueles dias efervescentes, Jesus rezava em lugar solitário, como era seu hábito diário, sobretudo noturno. O dia ainda não havia amanhecido e já se acotovelava a multidão ansiosa a esperá-lo. Pedro, um dos alvoroçados com as potencialidades de seu mestre, se antecipou — e iria se precipitar sempre — avisando Jesus: "Mestre, todos te procuram!". Jesus já sentia aquela procura contínua virar perseguição, tal era a desproporção, a insistência e, com o tempo, o desgaste e a dor. Nessa ocasião designou doze entre os discípulos para recobrir, ainda que simbolicamente, em sua totalidade, os doze cabeças das tribos de Israel, qual novo Israel, novo povo de Javé, onde o Reino de Deus começasse a se tornar realidade. Os doze seriam seus colaboradores mais próximos. Organizou de forma mais estável e mais multiplicadora a missão tão vasta para sua humanidade. Repartindo com estes a sua intimidade e a sua espiritualidade, Jesus os formaria para andar mais longe, para espalhar as sementes do Reino como ele já fazia. Os discípulos iriam se tornando apóstolos. Antes de tudo, discípulos e apóstolos do Reino, afiliados ao trabalho extenuante, mas gratificante de Jesus. E por isso, afiliados ao próprio Jesus, condividindo sua vida, aprendendo seu jeito, seus sentimentos e suas atitudes. Seriam, assim, afiliados ao Pai de Jesus, e iriam saborear a condição de Jesus, de filhos de Deus, que agora abria generosamente as portas do Reino e queria ter todos como filhos e filhas. O apostolado se fundava nessa incrível experiência: eram filhos de Deus porque eram filhos do Reino e irmãos de Jesus. Eram filhos adultos, companheiros de Jesus e do Pai, gozando

A primavera da Galileia    93

todos do mesmo Espírito e autoridade que Jesus lhes passava sem avareza.

Os doze tinham um papel especial no grupo de Jesus, uma espécie de comunidade de base com a qual Jesus garantia a coerência de suas palavras, o seu testemunho pessoal de uma vida comunitária e partilhada enquanto andava pelos caminhos. Seria, porém, um grave erro de perspectiva isolar este grupo dos demais, pois muitos outros discípulos e discípulas foram enviados como apóstolos desde o início. E havia muitas maneiras de seguir Jesus, sem constituir uma hierarquia de discípulos. A hierarquia viria só da organização dos serviços, não das pessoas que partilhavam de uma fé que as fazia iguais, de uma igualdade que estava na base mesma da novidade do Reino de Deus.

A multidão toda vinha a Jesus para se tornar ouvinte e discípula. Nela se encontrava Zaqueu, o curioso homenzinho de Jericó que a multidão impedia de ver Jesus. Agarrou-se a uma árvore, recebeu refinada atenção pessoal, algo próprio de Jesus. O caso pode até ter sido, ainda que indiretamente, um tapa de luva na multidão critiqueira, pois Zaqueu parece ter sido uma dessas pessoas consideradas pouco dignas de respeito, suspeitas por terem suas riquezas às expensas dos mais pobres. Afinal, como Mateus, ele era um recebedor de impostos, e era chefe deles em Jericó. E, no entanto, Jesus viu Zaqueu pendurado à árvore, se ofereceu para ser seu hóspede e, como era seu hábito, sentou-se à mesa e participou da comida. O prato principal foi certamente a declaração alegre de Zaqueu: "Vou dar metade de meus bens aos pobres, e se acaso realmente defraudei alguém, vou restituir quatro vezes mais". Zaqueu até exagerava o que estava previsto por lei. No entanto, nele também a generosidade superava a justiça da lei, e o Reino de Deus, com toda a sua lógica, entrava na casa de Zaqueu junto com Jesus, retirando-o de sua solidão de desprezado. "Hoje a salvação entrou nessa casa", arrematou Jesus.

Nicodemos, fariseu inquieto, doutor da Lei e membro do Sinédrio, colega de José de Arimateia, buscava os sinais de Deus e foi recebido pacientemente por Jesus na humilhação do escondimento da noite. Sentados frente a frente, o sábio de Israel perscrutava Jesus, mas também Jesus o desafiava. Era necessário nascer do alto, do Espírito, ainda que se sentisse velho e encravado nas tradições. As próprias tradições, que ele bem conhecia, tinham indícios da obra que estava por acontecer se ele as lesse com os olhos do Espírito.

A discípula e apóstola mais controvertida, que causou estupefação até para os discípulos mais íntimos, foi a samaritana, a mulher de um povo considerado prostituído por servir a cinco divindades impuras, trazidas de cinco origens populares que os faziam um povo mestiço e contaminado. Jesus, passando pelo caminho dos samaritanos, rompeu todas as regras de separação, se fez um mendigo de águas em troca de sua água de vida nova, e ofereceu a ela e seu povo, como oferecia aos judeus, um culto novo, em espírito e verdade. Porque "Deus é Espírito". Ela sentiu que aí estava alguém também para os samaritanos, passou imediatamente de discípula a apóstola e conquistou toda uma comunidade de discípulos que amaram Jesus e romperam o cordão de isolamento em que degeneravam. É João quem lembra o episódio, ele que foi reconhecido como evangelista dos samaritanos.

Os exorcizados e curados também confessavam a experiência do Reino de Deus em Jesus e se tornavam seus apóstolos, andando e multiplicando a alegria de uma inaudita primavera. O endemoninhado de Geraza, depois de se sentar aos pés do mestre "em sã razão", já não queria abandoná-lo. Quando o povo do lugar preferiu seus porcos a Jesus, foi preciso que o curado ficasse lá, como um apóstolo no lugar de Jesus, sem cansar de anunciar o Reino e seus sinais. Triste foi o final do paralítico na fonte de Betesda, que, ao ser curado, foi até as autoridades do templo para entregar Jesus. Não o reconheceu nem resistiu aos conflitos, como fez o cego da fonte de Siloé, também em Jerusalém, e decidiu continuar na ordem velha e mortal que lhe paralisaria a alma. Todavia, vinham a Jesus até mesmo uma mulher estrangeira e um oficial romano. Vinham pedir suas graças para os filhos, para os servos, e Jesus não resistia a tanta fé: eles também precediam Israel no Reino. Em tanta fé, em tantos discípulos e apóstolos, Jesus vislumbrava frutos maduros do Reino de Deus.

Até crianças vinham a Jesus, elas que eram o símbolo da imediatez de pertença ao Reino. E um menino colaborou no sinal dos pães. No entanto, Jesus respeitou os que se recusaram: o homem que cumpria a Lei tinha abundância de bens como sinal de bênçãos e retribuição por seu bom comportamento, que queria dar mais de si mas não queria perder sua posição cômoda. Nem o olhar nem o amor de Jesus o entusiasmaram, e deixou-se cair na tristeza. Triste ficou também Jesus, mas com respeito. Triste também ficou quando os curados se contentaram com sua pele limpa, com o benefício da reintegração autorizada pelos sacerdotes fiscais, mas não voltaram para segui-lo. Só um estranho, um samaritano, voltou.

Jesus não mitigava com meias medidas as exigências de entrada no Reino como seus discípulos: todas as outras coisas, a família, os afetos, os bens — pais, esposa, filhos, casa, campos — deviam ficar absolutamente relativizados, precisavam ser recompostos a partir da prioridade absoluta do Reino de Deus. Com Jesus começava uma nova família, a do Reino. E uma nova ordem de bens, os bens do Reino.

No mundo, porém, reina um "príncipe" que seduz e atenta contra o Reino de Deus, contra a fé e a esperança. O caminho não seria em linha reta, em ascensão gloriosa.

# O começo das dores

Capítulo IV

N a primavera radiante da Galileia, no germinar de corações novos e no roseiral de rostos rejuvenescidos, surgiam também ervas daninhas e espinhos. "Não há rosa sem espinho", diz a sabedoria popular. Por todos os lados também apareceram os interesses feridos dos chefes, a mesquinhez dos que buscavam suas vantagens, a ambição dos que pretendiam escalar Jesus. Desde o início, no círculo ainda pequeno de Cafarnaum e seus arredores — é o que nos conta Marcos com espantosa sobriedade —, a estranheza e a oposição dos fariseus tomaram o vulto de um plano para eliminar este galileu loquaz com ares de profeta. Eles estavam escandalizados e perplexos não só com a liberdade de Jesus, mas com a incômoda admiração popular que eles não estavam dispostos a reconhecer. Na verdade, escândalo e admiração andavam muito próximos: todos abriam a boca, inclusive eles, os fariseus. Ambas as atitudes revelavam que havia algo de novo diante deles, algo extraordinário, que não deixava ninguém indiferente. Mas o resultado final era oposto, de acordo com a decisão que tomava a admiração ou o escândalo diante de tal surpresa para todos. Uns se deixavam arrastar pela admiração, enchiam-se de sorrisos e de espírito novo. Outros, escandalizados, se batiam em Jesus como quem bate numa pedra surgida no meio do caminho. Estancavam-se de rosto fechado, esvaziavam todo sentido da surpresa que poderia ameaçá-los, apagavam o espírito. Tomavam suas distâncias e suas providências.

Foi assim que chegaram os encarregados de interrogá-lo em nome das autoridades, como tinha acontecido também a João. Em Jerusalém já havia inquietação, e não se tratava de algum misterioso recém-nascido no reino, mas de uma ameaça muito identificável, a possibilidade de nova agitação popular nos quintais da Galileia por obra de mais um galileu aventureiro. Isso incomodava todo o arranjo de sobrevivência e boa vizinhança conseguido com duro equilíbrio diante do poder exasperador dos romanos. Porque, sobretudo aos olhos dos romanos, qualquer movimento popular era um abuso da ordem e devia ser imediatamente pisado com força e cruz. E os judeus, com sua teimosa ortodoxia, gente de cabeça altiva, "dura cerviz", também exasperavam os romanos do lugar, ainda que não fizessem cócegas a Roma.

Não só de cima, das elites religiosas e dos homens de poder, avançavam nuvens carregadas de sombras. De baixo, dos que procuravam Jesus para se beneficiar e queriam sempre mais, sem superar sua visão estreita e imediatista, como sacos sem fundo, cujas carências os tornavam mesquinhos, vinha adulação e depois decepção. Jesus acabava escandalizando por suas negativas diante das tentativas de transformá-lo em santo milagreiro. Tentativas que, para ele, eram tentações. Depois do sinal dos pães distribuídos e multiplicados, enquanto o burburinho popular o queria aclamar "rei do pão", Jesus levou drasticamente seu método até o fim. Exigiu que todos se tornassem como ele, "pão de vida" em sua simples humanidade, de carne e sangue.

Alimentar-se dele, de sua condição terrena, corporal, amante de carne e sangue, e tornar-se seu seguidor, dar-se ao trabalho da vida em carne e sangue, sem as fantasias do poder e do milagre fáceis, esta foi a dura proposta de Jesus, tão bem dramatizada no final do capítulo 6 de João. A reação foi contrária: "Muitos já não o seguiam". Pareciam-se aos leprosos curados que só cuidaram de sua pele.

O golpe mais baixo não veio nem de cima nem de baixo, mas de dentro, dos discípulos mais próximos, de Judas, como todos sabemos. Mas a horrível atitude de Judas não estava longe daquela de Pedro, que também traiu Jesus. As lágrimas é que, no final, diferenciaram Pedro, o cabeça-dura por quem Jesus rezou para que confirmasse seus irmãos na fé, a quem Jesus fez uma sabatina de três perguntas cruciais e repetitivas sobre a verdade de seu amor depois das três negações repetitivas, mas a quem Jesus amou desde que viu pela primeira vez. E Pedro, apesar de si mesmo, amava Jesus com todo seu ímpeto primário de pescador de Cafarnaum. Por Jesus deixou casa, família, e se aventurou. Mas Pedro, como Tiago e João, como todos, precisava ir se convertendo, e o processo foi mais longo do que o imaginado. Pedro estava sempre disposto a tudo, até a sofrer por Jesus, quando viu que a luta contra os poderosos e a resistência ao sofrimento já estavam descartadas. Suscitou grande simpatia em Jesus, mas por isso mesmo entrava de cabeça e peito, inteiro, também nas armadilhas de seus velhos hábitos, nas crenças e ambições que portava dentro de si, como todos. E com os outros discípulos, tinha sonhos de grandeza, de triunfo e de poder sobre seu povo: sentar-se em tronos, à direita e à esquerda de Jesus, feito rei de

Israel, ser sua corte, seu sinédrio! Este pobre primeiro Papa e os demais companheiros precisavam de palavras de ânimo, de explicação, de afeto, mas precisavam também de palavras fortes, realistas, para sacudir e melhorar a substância de sua fé. Isso custou paciência e sofrimentos ao próprio Jesus.

Enquanto andaram com Jesus, os discípulos se bateram com a realidade. Nazaré, Cafarnaum, Betsaida, Corozaim, as pequenas cidades que viram desabrochar os primeiros botões de primavera, que tiveram o privilégio do nascer de um novo sol sobre suas sombras de morte, acabaram torrando com sua impenitência os sinais do Reino. Esperavam algo mais espetacular? Ou não esperavam mais nada, deslembrados e traumatizados históricos? Aos seus olhos, a simplicidade de Jesus não condizia com a vinda de um Reino. O fato é que se desencadeou, como numa segunda onda, partida do murmúrio dos chefes religiosos, uma hostilidade sempre mais aberta, que fez Jesus lembrar Sodoma e Gomorra, as cidades violentas e inóspitas que receberam perversamente o visitante, desejando fazer dele um sacrifício expiatório de seus crimes, e que, por força de sua violência intrínseca, foram sepultadas no fogo e no mar de sal. O que se poderia esperar das cidades que já não recebiam Jesus? Ele trazia paz e humanidade, reconciliação e esperança, mas elas se enrodilhavam sobre seus males e o atraíam para suas armadilhas. O rei Davi foi procurado por sábios, reis e rainhas vindos de longe, e estas cidades se outorgavam o direito de recusar a sabedoria em pessoa que estava às suas portas. Abraão e Moisés, de longe, saudaram a promessa, e estas pequenas cidades recusavam o privilégio das primícias da promessa.

Examinando com a objetividade dos fatos relatados, é preciso reconhecer que Jesus não foi, desde o início, bem-aceito por todos unanimemente. Os que o detestaram eram gente qualificada, com poder de sedução. As massas podiam se entusiasmar com facilidade, mas podiam ser sempre massa de manobra. Os filhos das trevas sabiam melhor como manipular as massas. A crítica, a ironia, o sombreamento sempre foram mais fáceis do que o sonho, a projeção, a luta, e se dispensam das provas do que dizem, pois o inocente sob suspeita é que deve correr atrás da reparação. Jesus conheceu este lado trágico da condição humana, ou melhor, desumana, com todo seu séquito de desejos e imaginações, cobiças e invejas, ciumeira e maledicência travestidas de conversações graves, levadas adiante à sombra, primeiro em voz mais baixa, depois em murmúrios crescentes e finalmente em vozerio inelutável. Sua obra não ficou isenta de sofrimentos muito humanos.

***

Com aceitação discutida e no meio da confusão crescente, Jesus deixou a Galileia, sua paisagem familiar. Foi para terras estrangeiras, pagãs. E lá, fora do programa, socorreu gente do lugar. No entanto, se afastou sobretudo para tomar distância e fazer uma revisão de vida com seus discípulos, um balanço de sua missão em momento crítico. Era como ir para o deserto, para as fontes, para a origem de sua inspiração, mas agora ia em grupo, com os discípulos mais próximos. Foi para a cabeceira do Jordão, o rio de sua vocação missionária. As fontes ficavam perto de Cesareia de Filipe, sob o monte Hermon.

Jesus se submetia ao humilde e necessário ato de discernimento, mais um passo no crescimento de sua consciência, de sua responsabilidade diante do amor e da salvação que o Pai colocava em suas mãos. Jesus tinha crescido assim, em graça e em sabedoria, primeiro com seus pais, com sua Nazaré, com as leituras da Lei e dos profetas, com a oração dos salmos. Depois com seu mestre João, no deserto, mas sobretudo na aventura de sua meditação e de sua oração pessoal, guiado interiormente pelo Espírito que o assistia. Observava os homens, sabia que classes bem vestidas moram em palácios, que os vestidos com filatérias e faixas pretendem ser vistos nos primeiros lugares. Antecipava a famosa "consciência de classe", bastava viver e conviver. Esta consciência crítica não era, porém, a forma mais alta de sua consciência. Jesus amava seu povo, que não era massa sem formas: conhecia seus rostos, seus nomes, suas lutas e seus sonhos. E compreendeu que Deus, o seu Pai e Pai deste pobre povo, queria toda sua vida para curar e elevar a vida de seus filhos, e isso lhe alargava a consciência como a de um pastor do Reino de Deus no meio daquela gente, consciência formada pela sabedoria do Reino e de sua responsabilidade pelo Reino. Olhava todas as coisas e as distinguia com os critérios do Reino de Deus. Jesus perguntava, escutava, aprendia a realidade de cada um: "Que queres que eu te faça?". E assim crescia em consciência, o Filho de Deus em pleno processo humano de crescimento. Este era um delicado momento. A crise que se abateu sobre suas ações, como em "efeito dominó", desaguava em sua própria consciência e até em sua identidade pessoal. Tratava-se de abrir caminho no meio de uma crise encoberta que veio sempre mais a público e o atingiu cada vez mais fundo, e a clareza era buscada com os demais envolvidos, com o grupo. A pergunta-chave, crucial: "Que estão dizendo?".

O balanço não era ruim: os que tinham testemunhado a misericórdia de Jesus para com a viúva de Naim, restituindo-lhe o filho, igualavam Jesus a Elias, o profeta que também tinha devolvido, em nome de Deus compassivo, a vida do filho à mãe viúva. Se o grande profeta devia voltar e passar pelos mesmos povoados em que tinha passado como a brisa depois do tufão, então aí estava, era Jesus. Havia os que o comparavam ao profeta Jeremias, que tinha, ao mesmo tempo, palavras dramáticas para os chefes de Israel, para o templo e a cidade de Jerusalém, mas cheias de ternura e conforto para o povo desamparado. Não seria Jesus um Jeremias redivivo? Como João, o mestre de Jesus, tinha sido assassinado por capricho e vaidade de Herodes e por intriga de sua mulher coadúltera aliada à sedução da filha, era tal a indignação e o desespero popular, que circulavam vozes sobre o espírito de João em Jesus. O próprio Herodes tinha medo de que assim fosse, e por isso queria ao mesmo tempo ouvir e aprisionar Jesus, a mesma ambiguidade que destruiu João. Até por causa disso alguns fariseus tinham mandado um recado a Jesus: que ele se afastasse da Galileia. Nunca se soube as intenções reais do recado, mas Jesus, em troca, mandou recado a Herodes, e não poupou palavrão, como fez seu mestre João. Aquela "raposa" — e o título caiu perfeito em Herodes — não iria deter um enviado da justiça divina que está cumprindo seu caminho!

Em conclusão, no dizer geral do povo, Jesus era um profeta, o profeta de Nazaré. "E vocês, o que dizem?", Jesus apertava o cerco do discernimento. Pedro não se fez de rogado para tomar a palavra em nome dos demais: "Você é o Cristo, o Messias de Deus!".

Estava certo o nosso Pedro? Sim e não. Mateus, o catequista de uma comunidade organizada, nos transmite a reação positiva de Jesus, elogiando Pedro, confirmando a divina inspiração na sua boca. Superava assim qualquer comparação, qualquer aparência. "Foi o Pai, e não a carne humana quem te fez falar." E Mateus colhe a ocasião para lembrar à comunidade que assim Pedro deve ser respeitado, como autoridade e testemunha principal de Cristo. A Pedro, nessa ocasião, se reconhece o "poder das chaves", que ele abriria e fecharia com administração sábia e inspirada. As "chaves da cidade", no tempo de Isaías, estavam mal administradas, e o profeta, político convicto de Jerusalém, enfrentou o governador corrupto dizendo-lhe na cara que Deus lhe tiraria as chaves e as colocaria nas mãos de um verdadeiro servidor da cidade. Mateus lembra que as chaves da comunidade cristã, ou melhor, do Reino de Deus, foram passadas ao bom Pedro. João, em vez disso, iria lembrar que Jesus passou esta responsabilidade das chaves para todos os discípulos, juntos, reunidos no cenáculo, para darem testemunho dele, perdoando os pecados e realizando a sua obra do Reino. As "chaves", no entender de João, são o próprio Espírito Santo. Mas é o mesmo João quem, no meio crítico do seu Evangelho, na crise do "pão da vida", traz a resposta de Pedro à provocação de Jesus sobre se eles também queriam abandoná-lo como tantos outros. Com uma proposta tão dura, feita de dom de si mesmo, da própria vida e morte, sua reação foi sincera: "A quem iremos, só tu tens palavras que dão vida". No entanto, João volta à carga num diálogo aberto entre Jesus e Pedro, ao relatar

O começo das dores    105

a exigência da tríplice declaração de amor para continuar a obra de Jesus daquele que por três vezes o tinha renegado. Apesar de toda a fraqueza de Pedro, os quatro escritos que estão na origem da história de Jesus e seus discípulos reconhecem a importância única de Pedro.

Marcos, um provável discípulo direto de Pedro, porém, revela o lado mais fraco. Marcos é o evangelista que põe no papel, cruamente e com pouco retoque, o lado trágico da missão de Jesus, desde a conspiração de Cafarnaum após sua primeira grande pregação. O que ele nos diz sobre Pedro parece contrariar sobretudo Mateus, ainda que este também ajunte esta incômoda lembrança: Jesus reagiu dizendo que, de qualquer modo, haveria sempre mais sofrimentos à vista no caminho do "Cristo", e que eles se preparassem para segui-lo em humilhação e morte. Pedro tomou Jesus pelo braço, levou-o à parte, como um conselheiro sensato e discreto. E novamente ousou falar, sem ser pedido, e falou demais, entregou seu pensamento. Que Jesus era o Enviado de Deus, que isso não era possível, que só a vitória, sem derrotas, convinha ao seu glorioso destino — e ao deles também, era claro.

Jesus percebeu na boca de Pedro o Maligno em carne e osso, o mesmo do deserto, a tentação do triunfo a qualquer preço, e desmascarou duramente o seu querido Pedro: "Afasta-te, satanás! Os teus pensamentos não são de Deus, são humanos!". Pode-se muito bem imaginar Pedro de boca aberta, desapontado. Um resultado traumatizante, que mostra a dificuldade de acertar com o coração de Deus, andando na contramão — Deus quer ser humano, e os homens querem ser deuses! Uma coisa ficou acertada: Jesus mandou que calassem a boca sobre aquela revisão. Não parecia ter chegado a uma conclusão clara.

A conclusão, na verdade, veio depois. Jesus, mais uma vez, se recolheu para a oração. Subiu o monte, como seu costume. A paisagem lembrava de novo o monte Sinai, aquele de Moisés e do povo diante da aliança de Javé, mas também de Elias derrotado e cansado, perseguido, desanimado e solitário, em busca de uma nova palavra de Deus. Que não se mostrava mais a Elias no fulgor do relâmpago, como tinha se mostrado a Moisés. Na brisa suave da compaixão Elias iria reconhecer a passagem de Deus e também o exercício de sua missão em nome de Deus, socorrendo e curando. Abandonava assim a violência do zelo pela casa de Deus, violência tal que tinha acabado com os sacerdotes de Baal e tinha recebido uma resposta ainda mais violenta e mais potente por parte da rainha pagã. A violência não compensava, chamava mais violência. Elias desanimou, queria dormir, morrer. Tinha concluído que era como todo mundo, nada melhor. Foi Deus quem não desanimou: depois de ser acordado repetidamente, alimentado à força, ter caminhado por mandato, levado quase pelo cabresto ao Horeb, Elias se converteu num profeta suave, tecido de entranhas maternas, e inaugurou uma nova etapa de seu ministério. Mas Jesus, que também voltava, sem remorsos e sem cabresto, tinha sido suave e compassivo desde o início. Que atitude poderia inaugurar nova etapa?

Jesus retornou ao monte em busca da palavra do Pai, mas desta vez não subiu sozinho. Levou consigo Pedro, Tiago e João, os mesmos que testemunhariam sua miséria na oração do

Getsêmani, os três que deveriam ser as testemunhas mais autorizadas para liderar as diferentes comunidades de Jesus mais tarde.

Jesus rezava sobre o monte como fez junto ao Jordão no começo da missão. E, mais uma vez, o Espírito do Pai envolveu Jesus, mas na forma simbólica da nuvem. Jesus e os discípulos conheciam a tradição, sabiam que a nuvem tinha se tornado um testemunho da presença divina descendo maternalmente sobre a fragilidade do povo no caminho de libertação, na dureza do êxodo, em pleno deserto, no meio de perigos e tentações. A nuvem era *shekináh*, sinal da presença do próprio Deus na tenda dos peregrinos, sinal de orientação e de socorro, de defesa e de ânimo para o povo.

Contava-se — e estava escrito — que a coluna de nuvem andava na frente, adiante, guiando luminosa no meio da noite, mas se punha atrás do povo, defendendo-o dos que vinham ao seu encalço, e então se tornava escurecedora para os inimigos, sinal da ira de Deus que se levantava como uma leoa para defender seus filhotes.

A nuvem tinha habitado, primeiro, na humildade da tenda, no deserto, e depois no templo de Jerusalém. Em sua solene inauguração, a nuvem tinha descido e tinha se inclinado para o lado das habitações do povo — assim se contava. Por isso o templo era tão caro aos judeus. A própria Jerusalém era importante porque, mais do que cidade erguida por Davi, tinha o templo de Israel no seu topo, sobre a colina de Sião. E não porque fosse grandioso, construído pela pujança de Salomão e depois engrandecido pela potência de Herodes, mas simplesmente porque era o lugar em que tinha se assentado a nuvem, preciosa e condescendente, no meio do povo de Deus. Jesus também amava aquele templo, sinal das entranhas de misericórdia de Deus e da sua decisão de habitar com os humildes, de defender e guiar seus filhos. Também para Jesus, Deus ocupava o lugar do Go'el, o parente que se tornava padrinho e era encarregado de defender, equilibrar a vingança e promover seu protegido. Deus *shekináh* e Go'el, atado ao destino, até mesmo ao sofrimento de suas criaturas, por uma livre decisão de seu amor. Assim se revelava Deus mais uma vez na montanha.

Jesus foi envolvido pela nuvem diante dos olhos esbugalhados dos três discípulos. No meio de tal nuvem eles viam junto a Jesus nada menos que Moisés, o homem da libertação, da aliança, da Lei, do Sinai. E viam Elias, o pai dos profetas, síntese da palavra inspirada. E, desta vez, eles também escutaram a voz que explicava a densidade de tal simbolismo: "Este é meu Filho amado. Nele está a minha bênção. Escutem a ele!". Viram então o próprio Jesus transfigurado e resplandecente no meio da nuvem, feito transparência luminosa da nuvem do deserto, transcendência divina visível num precioso instante. O fundamento de sua missão estava em Deus, este era o Cristo. Não se podia mais ter hesitações, ali estava a confirmação do caminho humilde do Nazareno, o cumprimento da Lei e das profecias em meio aos contrastes e conflitos que o cercavam e dos sofrimentos que, no horizonte, já sombreavam seu caminho.

A crise que se desencadeou de fora, e veio atingindo Jesus como em ondas cada vez mais dentro e mais fortes a ponto de atingir sua vocação, sua identidade, sua essência, se superava a partir do interior deste instante eterno, renovando a moldura divina do Pai e do Espírito que o acompanhava e envolvia sua missão desde o Jordão, desde Maria, desde sempre. Num caminho que, depois de florescer em estupenda primavera, parecia se dissolver em constrangedoras ameaças externas e internas, entre mesquinhez, perseguição, ambição e tentações, atalhava o Pai com o seu Espírito e confirmava seus desígnios em Jesus. Os três discípulos ficaram aí suspensos. Como não ter fé nesse mestre e profeta, se o próprio Deus colocava nele toda a sua própria fé?

Espantava-lhes esta descoberta: se Deus declarava sua confiança e sua fé em Jesus junto com sua paternidade, então era a fé paterna que gerava naturalmente a fé filial de Jesus e a autoconfiança que respondia positivamente ao Pai. Aí estava seu segredo desvelado, a relação que unia o filho de Maria a seu Deus e Pai. Assim se encorajava o Filho a assumir sobre seus ombros humanos, ombro a ombro com o Pai, com todas as consequências, a empresa que o Pai lhe entregou nas mãos. Tudo lhe tinha sido entregue pelo Pai, em um ato de plena confiança paterna e de aliança divina. O Filho era companheiro, colaborador e continuador — humanamente adulto — da obra do Pai, da criação e do Reino sabático por vir. A fé filial de Jesus era uma decorrência natural, e tudo seria administrado segundo a vontade do Pai, correspondendo à fé paterna do Pai, sem que o Filho se apropriasse indebitamente, sem concorrência de espaços, mas simplesmente para obedecer ao voto de confiança do Pai e finalmente entregar tudo a ele, ao avalista da sua liberdade criativa, concriativa. A fé, em sua fonte teologal, dom por excelência que faz nascer, vem desde sempre do Pai, começa no Pai, é antes de tudo uma relação geradora de Deus, o pai de toda fé. Ela se engendra no seio do Pai, no seu eros divino, no prazer que nutre o Filho, e onde ele mesmo, o Pai, se nutre do Filho, onde cada um se dá ao outro e onde se abrem criativamente a um mundo de criaturas para constituir um Reino de alegria. Este era o poder e a autoridade de Jesus, sua liberdade sem fronteiras e sem temores, sua humanidade divina, humanizando e divinizando cada criatura tocada por ele. Ali, naquele monte do encontro marcado entre os céus e a terra, se desvelava o grande segredo aos olhos e aos ouvidos maravilhados dos três discípulos: o Pai tinha fé no Filho, o Filho tinha fé no Pai.

O tempo estava rompido naquele instante eterno de gozo, de intimidade e de refundação missionária. Mas a missão mesma e o tempo missionário que se abriam de novo obrigavam a uma nova etapa, e eles tiveram de olhar para a planície, para o caminho que agora se estendia à frente em novos horizontes. Os três não quiseram descer tão logo daquele retiro aconchegante — "é bom ficarmos aqui" — e pensaram em fazer ali o templo de Jerusalém, ou ao menos as tendas do deserto para contemplar tão complacente mistério. O próprio Jesus tomou-os pelos ombros e os recolocou decididamente no caminho, aquele mesmo caminho vislumbrado com novos e maiores sofrimentos. Mas aquele mistério tão forte da paternidade de Deus, da maternidade da sua presença envolvente, tinha feito bem, e não somente aos três companheiros. O próprio Jesus saiu confirmado, fortificado, crescido. E assim retomaram o caminho com o recado claro de Jesus: manter o segredo para que nada caísse nos mal-entendidos antigos de tantas fantasias de desejos infantis. Ao menos até que se desdobrasse tudo o que devia acontecer. E assim seguiram pelo caminho do Jordão que leva a Jerusalém.

*\*\**

O começo das dores    111

Jesus conhecia o caminho de outros tempos. Como bom judeu, fora anualmente ao templo. Conhecia bem não só a geografia, mas também a história e as tradições do templo, da Cidade Santa e dos povoados da região. Agora, porém, subia como se fosse a primeira, a única vez. Agora iria levar pela Judeia, até Jerusalém, até seu coração — o templo — uma palavra nova, a Palavra do Reino de Deus, aquilo que fizera na Galileia. Deixava para trás a paisagem humana de suas preferências e se encaminhava decidido para uma nova paisagem, mais grandiosa e mais rude, feita de homens de poder, sábios e sacerdotes, edifícios sacros, culto e Lei. Não ia apenas como os peregrinos humildes que se iriam inclinar no templo, mas como quem tem algo a dizer, a revelar, de cabeça erguida.

Jesus estava, mais uma vez, decidido. O monte da oração, no meio da planície da Galileia, lhe possibilitara esta nova decisão, como o rio e o deserto tinham possibilitado a decisão de começar uma missão sem retorno. Agora o caminho, mais áspero, mais estreito, era rigorosamente sem retorno. Ele estava bem consciente de seu futuro, por causa dos sinais, mais do que suficientes, tanto na terra da Galileia como nas Escrituras dos profetas sem ilusões. Jerusalém era o paradoxo de Israel, o lugar da bênção e da nuvem compassiva, mas também da idolatria do templo e da comercialização dos ritos. Era o lugar do choque entre os lobos que tinham entrado no rebanho de Israel e os profetas que desmascaravam suas peles de ovelhas e de pastores, mas caíam sob suas patas. Assim morriam violentamente os profetas. Jesus seguia igual sorte, mas Deus estava com ele. O Pai era seu avalista, tinha colocado nele seu Espírito, a Palavra, a fé e a autoridade. Seguia resolutamente, à frente do pequeno grupo inquieto e atemorizado por causa de suas novas palavras e de sua decisão. De fato, Jesus dizia sem enfeites: os que quisessem continuar deveriam se preparar para a grande paciência dos sofrimentos à vista. Lucas, lembrando o Servo de Javé que faz de seu rosto uma rocha para não desviá-lo de quem lhe puxa pela barba, que persevera sem retirar o dorso de quem lhe bate, numa impressionante fidelidade a quem persegue e ao cumprimento de sua missão, diz — meio desajeitado para seu estilo grego — as palavras hebraicas do livro de Isaías: Jesus "endureceu o rosto para Jerusalém".

\*\*\*

Já andavam irritados os sacerdotes com a liberdade de Jesus, que curava infringindo a Lei, em dias sabáticos, e simplesmente mandando os curados seguirem seu caminho em vez de remetê-los ao templo para pagar a taxa devida ao reconhecimento da cura. Para cada cura, um sacrifício. O exemplo alastrava um sentido de liberdade perigosa. E há mais tempo seus próprios escribas tinham descido para um interrogatório sem uma conclusão prática. O governo romano já se informava da novidade no caldeirão político da Palestina. O povo inteiro iria sofrer sob novas repressões. Convinha cortar o mal pela raiz. "Que um morra pelo povo", sentenciou o Sumo Sacerdote, dando início a uma conspiração para o tempo oportuno.

Jesus seguia seu caminho, sendo recebido ora com entusiasmo, ora com receio e até alguma rara rejeição pelos povoados em que passava com sua caravana. Curava e dizia suas palavras do Reino de Deus. Todavia, começou a despender um tempo maior e mais cuidadoso para seu pequeno grupo ambulante. As exigências eram maiores, era necessário também corações mais fortes. Na Galileia, através de uma pesca abundante e surpreendente, Jesus tinha ilustrado aos discípulos a tarefa imensa que lhes cabia. Uma multidão de gente dispersa pelos mares deste mundo os esperava. Mas agora devia também ensiná-los a ter fé capaz de sustentá-los neste mar abismal de conflitos e perseguições. Os discípulos deviam também aprender a caminhar sobre as águas deste mundo, precisavam de fé para romper rochas, mover montanhas, inverter a ordem sólida e a lógica dura deste mundo, apoiando tudo na fé, sem apoiá-la fora de si, somente em Deus mesmo e em sua Palavra. Isto se tornava cada vez mais urgente.

A quem o seguisse, Jesus não convidava apenas para pregar o Reino que desabrochava em sinais maravilhosos, mas para curar e libertar como ele fazia. Agora insistia na coragem de abraçar o sofrimento mais radical, a abnegação até da vida pelo Reino. "Os que querem viver, os que se apegam à sua vida, não realizam a obra de Deus, mas os que já se consideram mortos, que se entregaram com vida e morte ao Reino, estes fazem viver. Só o grão que se entrega, que é enterrado e morre, produz frutos." Jesus estreitava e aprofundava sua catequese. Reduziu boa parte do tempo à instrução severa dos discípulos, cortando-lhes as últimas ambições e fantasias restantes para que abraçassem com ele até as consequências mais dolorosas da missão que o Pai lhe indicava. Não era Deus seu Pai e Pai de seus discípulos e afiliados? Não eram eles a nova família, não reunida por sangue, mas pela Palavra, pelo Reino? Que o pequeno rebanho não temesse! Deus estaria com eles, mesmo que houvesse frustrações e lágrimas.

E as lágrimas inundaram seu rosto quando viu Jerusalém desde o monte das Oliveiras. Ao subirem de Jericó, passaram por Betfagé, e em Betânia puderam encontrar seus amigos da Judeia, amigos desde longa data. Repousaram naquele lar sempre caloroso da solícita Marta, da atenciosa Maria, do amável Lázaro. E daí alcançaram o topo do monte onde está até hoje o Jardim do Getsêmani. Desde cima descortinou-se, do outro lado do vale, a cidade e o templo em plena luz. A emoção sempre era grande, mas desta vez Jesus teve o estremecimento dos profetas, as dores de Raquel, os gemidos dos inocentes, as lágrimas dos vencidos, lágrimas de filhos de Deus, de Deus mesmo. Um profeta de Israel acabava sempre morrendo em Jerusalém. Ali terminava a primavera, sustava-se a exultação e começavam as dores do Enviado.

Chorando com as lágrimas de profeta, Jesus murmurou para a cidade brilhante e impassível: "Se ao menos hoje reconhecesses quem pode te trazer a paz! Mas não, isso está oculto aos teus olhos. Jerusalém, Jerusalém, que matas os profetas e apedrejas os enviados, quantas vezes quis juntar os teus filhos como a galinha abriga sua ninhada sob as suas asas, mas não quiseste!".

O choque era praticamente inevitável, lógico, coerente. A violência humana dobrava o próprio Deus porque Deus não é violento. Em tom puramente reflexivo, filosófico, até Platão, o pensador grego que assistiu impotente à condenação do seu mestre Sócrates, ao escrever sobre a sociedade e a política no seu livro *República*, tinha constatado esta marcha inexorável e conflitante da história. O justo que permanece fiel numa sociedade corrupta e violenta será sempre difamado, perseguido, maltratado, e finalmente supliciado. Assim concluía Platão, como bom observador.

Jesus, lendo os escritos dos profetas, sabia e dizia que seria Jerusalém o lugar do choque, a cidade em que morrem os profetas. Havia algum tempo que, ao seu riso cândido misturado ao alarido das crianças e à surpresa dos curados, se juntava uma melancolia de fundo, a tristeza dos inocentes que perdem sempre diante da inelutável lógica de um mundo duro onde vencem os violentos, sobrando aos pacíficos somente lágrimas. "É necessário passar por dentro desta dor", pensava e dizia. "Vai se cumprir a lógica da violência até o fim, mas então será desmascarada, surgirá a luz", falava aos discípulos perturbados. O inevitável era assim abraçado por Jesus na fidelidade de uma obediência e de um desígnio maior: conhecer em sua carne as violências dirigidas aos inocentes e aos pacíficos que podem transformar o mundo, absorvê-las em seus ombros moídos, e abrir no meio delas um caminho de amor mais forte que vença para sempre, quebrando seu círculo férreo. Tremenda necessidade, imposta pelo mundo a Deus, horrível destino, não escolhido por Deus, no qual o mundo põe o amor de Deus à prova!

Era hora de entrar. Era tempo de Páscoa, e Jesus não estava sozinho às portas da cidade. Subindo de Jericó, uma grande companhia de gente se ajuntava aos discípulos. Iam todos para a festa anual da Páscoa, mas Jesus era um motivo especial para aqueles peregrinos. Viram Zaqueu se transformar em homem justo e salvo, em Jericó. Viram até o cego levantar-se da beira do caminho, ficavam cada vez mais convencidos de um triunfo à vista, um novo rei, uma nova época para o povo. Porém Jesus não se iludia, a tentação estava exorcizada pela inamovível fidelidade à sua humanidade. Pela fragilidade desarmada venceria o forte, pelo golpe recebido e até pela morte poderia se realizar a glorificação do Reino. A mãe dos sete macabeus, martirizada com eles, não tinha ensinado que o Criador, que chamou do nada ao ventre materno, muito mais pode ressuscitar da morte os que não se apartam dele? Diante de Jesus estava a morte, mas também a esperança firme na ressurreição dos mortos por obra do Criador.

***

O evangelista João, parco nos fatos, mas grandioso e detalhista naqueles que escolhe, depois de falar dos diversos encontros e sinais de Jesus — as núpcias de Caná em que se revela como noivo da festa do Reino a chegar, o encontro noturno e discreto com Nicodemos, em que apela para a conversão ao Espírito, e o outro encontro, meridiano e audaz, com a samaritana e seu povo, e outro ainda com a fé exemplar de um oficial romano, o estrangeiro que acreditou na palavra de Jesus antes mesmo de ver sinais, e ainda a trabalhosa cura do cego até que ele superasse as resistências dos sacerdotes da Lei e confessasse Jesus como novo templo, mas também o encontro com o paralítico de Jerusalém que não chegou ao final de sua verdadeira cura e se manteve na velha ordem — depois destes encontros e sinais, João abre a cena que prepara, como em síntese, os acontecimentos futuros, antecipando para os ouvintes o entendimento de fatos tão dolorosos. Nesta cena profética e antecipatória, Jesus enfrenta a morte e ressuscita seus amigos, Lázaro, Maria e Marta. A história, na verdade, é uma parábola de Jesus e dos que põem nele a sua fé.

Betânia fica às portas de Jerusalém. Jesus, ainda a caminho, recebe a notícia: seu amigo morreu. Claro, Lázaro está na região da morte, perto demais dos que queriam apedrejar Jesus, dos que matam até Deus. Foi assim desde o início, desde Belém, diria Mateus. Ou desde Abel, disse o próprio Jesus, observando a atribulada história da humanidade. Mas fiquemos no quadro de João. Jesus já se tinha afastado do templo em outra ocasião porque o consideraram blasfemo e queriam, como deviam, apedrejá-lo. Não tanto a Galileia era região da morte, lá onde os pobres morriam esquecidos, mas a Judeia, esta era o reino da morte planejada, obrigatória, até sacralizada. E seus amigos estavam na Judeia, sob as garras da morte. Estavam todos mortos, dominados pela potência da morte, cada um a seu modo. Lázaro no sepulcro, Marta e Maria sentadas dentro da casa fúnebre, entre carpideiras e judeus celebrando com lamentos a vitória da morte, inteiramente tomados de morte.

A chegada de Jesus à região da Judeia significa a chegada da vida na região da morte, o confronto entre a morte e a vida. Jesus dirige-se à casa, não ao sepulcro. Como no confronto entre a fome e o pão da vida, Jesus tem um método. Primeiro "vem para fora" Marta — a mulher solícita e ativa, se formos ao relato de Lucas. Encontra-se com Jesus, exprime sua dor e sua confiança nele. E então Jesus propõe algo decisivo: "Tu crês que eu sou a ressurreição e a vida?". "Sim, Senhor, eu creio." Marta, a primeira a sair, a primeira a se encontrar e confessar sua fé, é também a primeira dos três, segundo seu modo próprio, a ressuscitar. Vai chamar Maria, que está sentada no lugar da morte. Maria se levanta e sai também, e os judeus, celebrantes da morte, pensam que vai ao sepulcro para continuar seu choro no lugar da decomposição, consequência e lógica irrefutável do estado de morte e de sua vitória. E vão com ela, mas com a intenção de acompanhar o processo inelutável da morte. Ela, no entanto, também se encontra com Jesus, a discípula lança-se a seus pés. E os judeus terão de assistir ao abrir-se de outro processo e de outro veredicto, o da vida. Maria também exprime toda sua dor, mas agora está com o mestre, a seus pés. E o mestre, surpreendentemente, também chora, mas um choro de compaixão, de amizade e de solidariedade que irá dar vida, não os lamentos desordenados de impotência e desespero. Maria é a segunda a "vir para fora", para estar com o Senhor da Vida. E assim vão todos ao sepulcro.

Jesus, à vista da pesada laje que prende seu amigo à morte, volta a chorar com lágrimas quietas e profundas na condição frágil e trágica do amor humano vencido pela morte. Mas sua amizade é também divina, e Jesus passa das lágrimas à oração, e pede mais uma vez, a derradeira, que o Pai lhe envie seu Espírito, que sua obra de vida seja feita e seja vista, e que mais uma vez ele se alegre pelos sinais do Reino, da vida, e pelos que entram com fé na mesma vida. Jesus manda retirar a pesada laje.

Marta, a solícita, avisa que já vão quatro dias do sepultamento, e portanto cheira a corrupção do corpo. Havia, nesse tempo, a crença de que a morte se completava, sem possibilidade de volta, ao terceiro dia, e então, quando começava a decomposição, era absolutamente sem retorno. O que João quer lembrar a seus leitores é que, para o Senhor da Vida, não há limites de nenhum tipo. Não porque é um forte milagreiro, mas porque o Pai colocou em suas mãos a vida de suas criaturas, a salvação e a ressurreição sem limites. Jesus simplesmente obedece ao Pai.

Aos discípulos, que primeiro resistiram e depois decidiram acompanhar Jesus para morrer com ele sob as pedras que os aguardavam em Jerusalém, mas também aos judeus que assistiam a tais novidades, Jesus associa seu método e sua obra. Manda tirar a pedra. Dá a ordem: "Lázaro, vem para fora". E Lázaro, que escutou a voz do Criador ao chamá-lo do nada à vida, escuta a voz de Jesus que o chama da morte à vida nova. E obedece, participando com sua obediência, com seus passos para fora, ao ato da nova criação. Ele, que escutou o chamado e obedeceu antes ainda de ser, com a mesma lógica vem da morte à glória. É o terceiro a "vir para fora", como que tomando carona do encontro de fé de suas duas irmãs, portanto uma consequência do encontro vivo com Jesus, encontro mais forte do que a morte, no qual os mortos ganham vida.

Jesus completa seu método dirigindo-se aos que devem continuar história afora libertando da morte: "Desliguem suas faixas e o deixem ir livre". Todos estão vivos, ressuscitados. Até uma porção de judeus acreditou em Jesus, o que exasperou os chefes de Jerusalém. Reuniram-se para decidir como iriam eliminá-lo. O confronto era iminente. E Jesus, prudentemente, permaneceu um tempo numa cidadezinha ao lado, Efraim. Até que decidiu entrar na cidade.

***

Apesar da multidão que já se juntava ao seu redor, testemunha de sua luminosa passagem que ia deixando palavras e sinais de vida nova, Jesus não se deixava conduzir por tentações. Entrou sem o triunfo dos fortes, montado sobre um burrinho de olhos mansos, rodeado, na verdade, por um exército desarmado, feito de gente humilde que subia com ele para a festa da Páscoa, os mesmos pobres que tinham visto e escutado o que ele fazia e dizia pelo caminho. O burro lembraria, mais tarde, a profecia de Zacarias, o profeta que foi assassinado no templo: "Dizei a Jerusalém: 'O teu rei, cheio de doçura, vem a ti montado sobre um burrinho, filho daquela que leva um jugo, um pesado fardo sobre si'". Zacarias foi morto: sua profecia não condizia com a potência que se sonhava e esperava. Mas Jesus se associava ao profetas, aos que carregavam jugos e pesos de opressão, e entrou na cidade em perfeito quadro de mansidão.

Como nos tempos de Herodes diante da visita inesperada dos sábios estranhos, a cidade se conturbou, interrogou-se escandalizada sobre quem era, afinal, tal homem que merecesse tanta gritaria. Não sabiam os grandes, mas toda aquela multidão de pobres podia responder: "É Jesus, profeta de Nazaré, da Galileia!".

A alegria dos pobres durou pouco naquele centro de poderes bem estruturados que conseguiram dissuadir revoltosos e reprimir exaltados, quanto mais aquela gente que vinha de sua pobreza sabedora de sua pouca importância. Herodes Antipas não conseguiu pegar Jesus na Galileia por causa do povo, mas agora o que era o povo em Jerusalém? Jesus, no entanto, com o sinal claro dos portadores de paz, seguiu para o templo que resplandescia sobre sua grandiosa esplanada.

João nos deixou o estranho fato da purificação do templo logo no início do seu relato, junto com a inauguração festiva das núpcias de Caná, símbolo do começo da missão de Jesus. Hoje, todo exegeta do texto afirma que, desta forma, João queria deixar clara a chegada de um tempo novo, tempo de festa, e não mais de sacrifícios, banquete do Reino de Deus no lugar da fome, mas com a exigência de uma radical purificação de todo velho sistema

O começo das dores    121

de negócios. A adoração com pureza de espírito e verdade, o amor de quem dá a vida como um pastor, este é o novo e verdadeiro sacrifício.

Os outros evangelistas conservam o episódio nesta conflitiva e profética entrada de Jesus em Jerusalém: olhou ao seu redor, indignou-se com o que viu. Não era a primeira vez que Jesus se indignava. No começo de sua evangelização, na sinagoga de Cafarnaum, lançou um olhar de indignação sobre seus ouvintes ao perceber a avareza dos corações que preferiam cumprir as proibições da Lei a socorrer a miséria de um doente. Para ele, o verdadeiro cumprimento da Lei era o amor ao próximo, e o amor não conhece os limites da Lei. Tinha contado a história do judeu caído à beira do caminho, vítima de um assalto. O sacerdote e o levita, homens do templo e da Lei, passaram adiante, mas o estrangeiro — um samaritano — se aproximou, socorreu e providenciou os cuidados às suas próprias expensas. O amor acima da Lei é que resume toda a Lei, respondeu ao escriba sobre como entender o emaranhado das 613 Leis que codificam todo o comportamento piedoso. Mas a pequena história do bom samaritano confrontada com a outra, a dos viticultores que não receberam, maltrataram e mataram os enviados do dono da vinha, mostrava a situação dramática pela qual ele se indignava. E os chefes, sentindo-se ofendidos com a clareza de suas estórias, também se indignavam, "rangiam os dentes".

A impaciência que às vezes tinha manifestado com a lentidão e com a resistência da ambição de seus discípulos não era estranha ao seu grupo mais próximo. Porém, no templo que ele amava, a indignação e a impaciência chegaram-lhe a sair pelos olhos. Nele se manifestava a "ira de Deus", o amor ferido que se ergue e se enfurece para sacudir os corações empedernidos.

O templo era o coração de Israel, o sinal da presença compassiva de Deus no meio de seu povo. Mas a compaixão tinha sido pervertida pela ganância dos que loteavam o templo e ali faziam prosperar negócios para o culto, para o sacrifício que os pobres deviam, mas mal conseguiam pagar. A dívida era sagrada, e eles, os pobres, eram pecadores. O templo exigia, oprimia e pervertia em monstruosidade o rosto compassivo de Deus. Jesus não podia ter meias medidas, não se conteve apenas com a repetição das palavras duríssimas de Jeremias à porta do templo, acusando de assassinas, cheias de sangue inocente, as mãos que se erguiam no sacrifício. Nem parou nas palavras mordazes de seu mestre João. Jesus, num momento agoniado, tomou o chicote do zelo de Elias, empunhou-o firme, derrubou mesas de negócios espalhando surpresa em todos os olhares. Gritava com o trágico grito de Isaías: "Esta é uma casa de oração, e vocês fizeram dela um antro de ladrões!".

Era, de fato, uma verdadeira prostituição religiosa, fabricada pelos que se julgavam justos e escondiam até de seus próprios olhos a indecência daquela perversão. O evangelista João recolheu a lembrança de um confronto, em pleno templo, entre os chefes judeus e Jesus por causa de uma adúltera surpreendida por seus julgadores e trazida a Jesus com a tentativa de envolvê-lo no julgamento da mulher. Jesus foi posto em dificuldade: obediência à Lei e às suas instituições, que fariam perecer aquela mulher e o difamariam como salvador, ou redimir a mulher e perecer ele mesmo sob a acusação da Lei. Estavam diante dele assanhados por arrastá-lo na lógica deles ou por batê-lo em sua própria lógica. Jesus tomou tempo, inclinou-se e começou a escrever. Não tomou tempo para escrever — o que escreveu não foi importante para a memória do fato —, mas escrevia para tomar tempo, para tomar distância e romper o cerco. Inclinado, sem desafiar os olhares e assanhá-los ainda mais perigosamente. Finalmente, para surpresa geral, ordenou que a primeira pedra, a pedra decisiva que iria arrastar todas as demais consigo, fosse lançada. Que se cumprisse a Lei de lapidação. Mas, como juiz, ele ordenava que a primeira pedra fosse lançada por um inocente: "Quem estiver sem pecado seja o primeiro a lhe atirar uma pedra". E continuou recolhido, estrategicamente fora dos olhares desafiantes, inclinado ao chão. A tradição posterior tentou interpretar o que escrevia: os mandamentos, nos quais se enxergassem os adúlteros? A Lei proibia o adultério, antes de tudo, aos homens. E isso agora seria calmamente revelado aos seus olhos. Mas essa suposição não precisa do escrito. A sentença de Jesus, já que o colocaram na condição de juiz, encaminhou por si mesma o conflito em outra direção: que começasse um inocente. Atrás do primeiro viria o resto, todos se sentiriam inocentados pela fúria comum. Jesus colocou perigosamente toda a decisão na "primeira" pedra. Ora, Jesus era o inocente, e tomava sobre si, e só sobre si, o poder de começar, de atirar a primeira pedra. Mas não atirava, continuava em silêncio, no álibi da escrita. Rompia assim mais um círculo fechado de violência que produz vítimas expiatórias, e a trama foi se desfazendo a partir dos mais velhos, os primeiros a se sentirem nus em suas intenções mais profundas. Jesus ficou sozinho, o juiz e a ré, o único inocente que podia sacrificá-la, e não a condenou, mas a salvou. Seu juízo era de salvação e de ressurreição. Todavia, diante da prostituição do templo, da Lei, de tudo o que havia de sagrado, como romper o círculo senão arriscando a si mesmo ainda mais?

Jesus era muito mais claro e incisivo em Jerusalém do que na Samaria, quando devolveu à samaritana a dignidade de discípula e apóstola no lugar de sua prostituição. Lá houve salvação no lugar de condenação porque a samaritana e o seu povo se converteram. E lá também se tratava do lugar e do modo em que se deveria adorar a Deus. Aqui, no templo de Jerusalém, Jesus, o único inocente que poderia condenar, libertou a mulher do jugo, dizendo-lhe o mesmo que disse ao paralítico de Jerusalém: "Vai". Como dizendo "sai deste lugar perverso que já não adora em espírito e verdade. Liberta-te, não torna a este antro de pecado que te prostitui". Ou o mesmo que disse a Lázaro: "Vem para fora" desse lugar de morte. A si mesmo, porém, Jesus arriscaria mais, para que não se condenasse, mas fosse salvo aquele lugar.

Os outros narradores revelam uma atitude mais insólita: uma limpeza, uma purificação que começava mostrando a desordem daquela ordem. No gesto de Jesus, ainda que estranho sintoma, se revelava a aproximação do Reino de Deus num mundo revirado onde Deus devia ter reinado sempre. No entanto, Deus só poderia reinar onde houvesse pureza de coração e de ações. Jesus nem mais esperava a conversão urgente à qual João tinha conclamado os que o buscavam no deserto. Somente uma nova Jerusalém poderia ser salva. Daquela Jerusalém babilônica, da grandeza de seu templo herodiano, daquelas pedras e muros e contornos resplandecentes ao sol, nada sobraria no embate e nas leis do mais forte. O jogo de poder, de opressão e de destruição atrairia fatalmente sobre ela um poder mais forte. Era a lógica que cem vezes tinham denunciado os profetas, que Jesus lembrava sem rodeios: "o mais forte amarra o forte". As pedras monumentais do templo maravilhoso não resistiriam, e o templo seria totalmente destruído. Esta visão profética de Jesus, lançada em rosto aos sumos senhores do templo e da cidade, desencadeara imediatamente o fogaréu da raiva e da acusação: "Este pequeno homem de Nazaré nos desafia com blasfêmias contra a santidade da morada do Três Vezes Santo". Hoje sabemos bem como procedeu a lógica: os romanos, nem trinta anos depois, jogaram sua força sobre a cidade insubmissa e a destruíram até os alicerces. Até hoje, em Roma, se ergue entre as ruínas dos foros imperiais o arco de triunfo de Vespasiano e Tito, onde se lê no latim da época sobre sua guerra contra os judeus e sua vitória completa e arrasante. Foi a lógica do poder e da violência, pela qual também os foros do maior império do Ocidente são hoje ruínas de uma grandeza trágica.

As autoridades, naturalmente, partiram para uma reação incisiva. "Com que autoridade você está fazendo tais coisas, está ministrando tais ensinamentos?" Jesus, de fato, não tinha a autoridade dos que se sentam na cátedra de Moisés, porque não era doutor da Lei, não era um escriba. Além disso, ele se permitia ir além de Moisés. Não era bem afamado como os fariseus porque era livre na sua devoção às tradições. Não era membro do Sinédrio, não era sacerdote, nao era oficial de nenhuma instituição reconhecida. Portanto, o que podia legitimar sua pretensão a arrastar gente, povo, a nação inteira consigo? A questão da autoridade não era pequena. Jesus não se desviou, mas inverteu o interrogatório e os transformou em juízes como ele foi feito no caso da adúltera, conduzindo-os a um terreno mais distante, onde pudessem ver melhor as suas intenções: "Com que autoridade João pregou?". O embaraço dos interrogadores foi imediato. Não podiam dizer que era exorbitância de João por causa do povo, nem podiam dizer que era enviado com permissão direta de Deus por causa deles mesmos, pois passariam por cima de suas próprias instituições que delegavam autoridade e distribuíam o poder. Evidentemente, a questão se estendia à autoridade de Jesus. Ficou o perguntado por não perguntado. Nem eles sabiam nem Jesus se rebaixaria ao sofisma malicioso da pergunta deles: também não respondeu sobre si mesmo. A autoridade de Jesus se irradiava por sua vida e por seus fatos, sem precisar de outras referências. Novamente Jesus rompia suavemente o círculo da violência prestes a se tornar redemoinho.

Vieram, então, organizados como em ondas, para desmontar a autoridade de Jesus e colocá-lo sob acusação. O que ainda não tinham conseguido na Galileia se tornava mais favorável em Jerusalém. Vieram os fariseus, enraivecidos com os impostos romanos que humilhavam até a religião. Vieram com uma nova armadilha, mas sempre com a mesma intenção: "Deve-se pagar impostos aos romanos?". Novamente Jesus se via sem saída: ou contra os judeus ou contra os romanos. No entanto, ele colocou o juízo e a sentença nas mãos de seus interrogadores: que apalpassem o que tinham no bolso. Se carregavam as moedas de Roma, estavam fatalmente servindo Roma, e teriam a resposta por eles mesmos, em seus bolsos. Mas aproveitou a ocasião para transcender a mesquinhez da questão, para levá-los mais longe, e colocou a verdadeira questão: eles, que eram moedas cunhadas pelo Criador, efígies de Deus, como não se preocupavam com o grande tributo que importava, o tributo a Deus?

Eles se tornavam incapazes de dar o tributo a Deus, o único essencial, porque não tinham mais olhos para reconhecer o enviado, a marca de Deus no rosto e na palavra de Jesus. A política menor, feita de jogos e oportunismo, os absorvia. E, no entanto, ele era o "Filho de Davi", aquele sobre quem repousava o Espírito, que poderia levar a cidade de Davi à sua verdadeira glória, bem ou mal sonhada por gerações e gerações. Todavia, aí estava o escândalo para os que sonhavam com poder sobre os outros: o Filho de Davi era o filho de Nazaré, e isso ficava escondido aos olhos dos que só desejavam reconhecer Deus no poder que vence e triunfa, e não na paciência que edifica com humildade.

Vieram os saduceus, gente rica, de famílias sacerdotais que gozavam de privilégios e boa posição política. Eram naturalmente mais relaxados do que os fariseus nas suas práticas religiosas e não se interessavam tanto pelos argumentos dos doutores da Lei. Não lhes interessava, por exemplo, a crença na ressurreição dos mortos, algo tão caro aos fariseus. Era uma crença relativamente nova, aclarada com os acontecimentos de perseguição e martírio de pessoas amadas, como os sete macabeus e sua mãe. Era a crença que mantinha acesa a chama da esperança dos que perdem tudo neste mundo, até os preciosos filhos gerados na dor, criados na luta e na fidelidade. Era, sobretudo, a crença na fidelidade e no poder de Deus, o Criador e o amante da aliança com seu povo. Mas era também a crença num juízo sobre este mundo, um juízo mais forte do que a morte. Obrigava a uma vigilância e a uma conversão de vida. E por isso não interessava aos potentes saduceus. Para eles, esta era a boa vida. O prazer maior era possuir uma mulher, o futuro era gerar filhos, segundo as antigas tradições. Ironizaram a ressurreição dos mortos diante de Jesus, colocando-lhe a ridícula situação da mulher que, cumprindo a lei do levirato para deixar filhos ao marido falecido, fosse mulher de sete irmãos. Esta foi a questão, a impossível reconciliação entre esta vida e a vida ressuscitada, mas, sempre segundo sua visão mesquinha, uma vida não transformada, exatamente igual a esta vida cheia de arranjos e remendos como a lei do levirato. Ela seria mulher dos sete? Jesus novamente inverteu a contenda e os levou longe para que julgassem sobre si mesmos. Tomou-lhes a mesma religião em que eles diziam acreditar, a de Abraão e de Moisés, para cavar até a raiz a fé na ressurreição e, sobretudo, na radical transformação que isso significava: corpos transfigurados, sem as limitações da carne, em que o casamento é superado por uma relação celeste de corpos espirituais, plenitude dos amantes. Se eles acreditavam no Deus das Escrituras antigas, que disse a Moisés "Eu sou o Deus de Abraão", Deus seria um "Deus dos mortos?". E se Deus, ao contrário, é "Deus dos vivos", Abraão está morto ou vivo? Eles também se afastaram.

Jesus observava o culto, a piedade, a fé que se expressava naquele centro de peregrinação. Vinham pagar seus tributos. Estaria também Jesus submetido ao tributo do templo, pagando seus impostos? Filho de Davi, a quem Davi diz "meu Senhor", Filho de Deus, era ele mesmo o "Deus do templo", que habitava no meio do seu povo. Mas isto permanecia incompreendido, escondido. No entanto, um mestre podia se sentir dispensado do tributo religioso. O reconhecido filantropo, o mestre, não buscou sequer esta isenção. Jesus, o filho de Nazaré, pagou tributo por si e por Pedro, o primeiro Papa. Pagou tributo à sua condição simplesmente humana. E continuava a observar os tributos, sobretudo os tributários. Veio o rico chegando vistoso para dar esmolas em abundância, e veio a pobre viúva colocando duas moedinhas tiradas de seu pão. Jesus transformou a cena em lição para os discípulos: a mulher, da sua indigência, deu o maior tributo a Deus. Assim Jesus ia salvando o salvável, colocando um pouco de ordem autêntica na ordem aparente.

***

Passaram febris e agitados aqueles dias em que a multidão de peregrinos se preparava para celebrar mais uma Páscoa. Mais gente se acumulava pela cidade, e muitos queriam conhecer, escutar pela primeira vez, o profeta da Galileia. Cercado de povo e de vigias das autoridades, Jesus proclamava à cidade sua palavra reveladora. Falou de novo da conversão, mas com mais força e mais urgência. Falou do juízo com palavras carregadas, como a mãe zelosa ao tentar dissuadir o filho a desistir do seu mau caminho. Falou por exemplos muito claros, segundo a sua costumeira linguagem de símbolos e de pequenas histórias com sabedoria. Falou dos maus administradores das riquezas do rei, dos maus cultivadores da vinha do senhor, dos maus pastores e mercenários. Jesus não colocava mais panos quentes numa inflamação que já se alastrava em tumor. Sua franqueza grangeava murmurações, mais dureza e finalmente conspiração para ação imediata por parte dos chefes.

Jesus não renunciava à evangelização cada vez mais urgente do Reino e da vigilância para entrar nele. Contou a história das aias que esperavam o noivo para fazer-lhe corte, umas bem preparadas, com óleo para sua lamparina, e outras sem cuidado, sem óleo: as primeiras entraram, as segundas ficaram fora. E dos administradores que pensaram, no meio da noite, que o senhor não chegaria e se puseram a maltratar os servos da casa: o senhor vem no meio da noite, na surpresa da hora impensada, e devolve aos administradores o que eles mesmos faziam. Pior ainda: o Filho do Homem, como um pastor encarregado da salvação e do resgate do rebanho, lançará de volta, de onde veio, o inferno criado pelos que diabolicamente infernizam a vida dos inocentes indefesos. E Jesus detonou abertamente os palavrões fortes que tinha aprendido de seu mestre para bater mais forte em mentes tão petrificadas e desmascarar as intenções maliciosas: "Hipócritas, sepulcros, serpentes, ai de vós!".

***

Estava anunciado um incontornável conflito. Os dias que precederam a festa parecem uma crônica de morte anunciada. Não foi uma tentativa de assumir o poder por parte de Jesus o que provocou o tumulto e as iras dos poderes. Foi, em última análise, sua franqueza profética, insuportável para os ouvidos dos grandes, que resolveram pisar imediatamente sobre ele. Uma primeira tentativa de pegar Jesus fracassou. Os soldados temeram o povo que o seguia, alguns se encantaram e até se deixaram levar por ele. Por sua vez, Jesus não era doentio nem cedia à tentação de um espetáculo de mártir. Quando, diante de suas palavras incandescentes, em vez de conversão desabaram fúria e trama para agarrá-lo, ele se retirou do templo e da cidade. Fez realmente em Jerusalém o que Lucas conta que tinha feito em sua primeira pregação em Nazaré, quando a fúria unânime queria fazê-lo se precipitar do penhasco. Retirou-se mansamente e soberanamente do meio deles, tomou distância. Ficou em Efraim. No caminho, ainda apontou para uma figueira estéril e a comparou dolorosamente com tudo o que de mais sagrado havia em Israel, que já não dava mais frutos.

A multidão, porém, continuava a chegar por todos os caminhos, de longe, de fora da Palestina. E queria ver Jesus. Onde estaria? Viria para a festa? Ele voltava para ela, para o povo que tinha direito à sua missão. Mas o que era aquela multidão, indefesa diante da força diabólica que se apoderava até da santidade? Jesus, de olhos abertos para aquele templo, para a cidade, se perturbou e rezou no meio de tanta treva, e por um instante a voz luminosa do Pai novamente ecoou, aclarando de novo seus passos: "Eu vou levantar a tua luz, e os que te seguirão vão andar na luz, em pleno dia, em plena glória". Só o poder da paciência de Deus poderia vencer o poder impetuoso e compacto das trevas, o "príncipe deste mundo". A turbação e o tremor logo se converteram em certeza no meio da turbulência: "O grão semeado deve morrer para que a espiga dê fruto. O bom pastor dá a vida pelas suas ovelhas. O profeta morre em testemunho da palavra. Não são as glórias que os homens buscam entre si, mas só Deus o honrará com a sua verdadeira glória".

Se ali no coração de Israel, na cidade que devia ser santa, tramava-se a morte do autor da vida, Jesus seguia sua missão de rosto descoberto, e revelava-se luz e água de vida regenerada, curando o cego de nascença na fonte de Siloé e o paralítico de muitos anos na piscina de Betesda, sem se interessar em saber as origens ou as culpas de tais misérias — eram tantas as misérias profundas que a cidade inteira não escaparia. O que realmente lhe ardia era a vontade de libertar seu povo, desacorrentar as pulsões da vida, convidar todas as criaturas à dança do sábado. Nem as desgraças naturais, como o desabamento de uma torre que tinha provocado algumas mortes, nem a incúria ou as violências humanas como a matança que Pilatos ordenara para castigar alguns revoltosos, eram absolutamente desígnios de Deus sobre culpas humanas. Sequer Deus, que cuida de cada cabelo, permitiria tais coisas, pois ele não é um permissivo. Independentemente de tudo isso, todos pereceriam, de uma ou outra forma, e todos precisavam da graça que salva e da conversão que recebe a graça. Por cima de todas as questões e agressões, ele curava em dia de sábado! Em Jerusalém, no templo! Lá, como nos caminhos da Galileia, queria revelar a glória do Reino por vir, o tempo sabático de festa e alegria. E se o paralítico não chegou à consciência de sua graça e o delatou às autoridades, Jesus talvez sequer podia imaginar a dor maior, que estava para sobrevir. Seria entregue por um dos seus discípulos.

# A hora das trevas e da paixão

Capítulo V

Jesus encontrou em Betânia um verdadeiro oásis em meio ao turbilhão daquela Páscoa. Eram a casa de Maria, de Marta e de Lázaro, e a casa de Simão, o leproso que tinha sido agraciado por Jesus e o recebia com o que tinha de melhor para a mesa. E nessa ocasião, como na casa do outro Simão, o fariseu, uma mulher chegou aos pés de Jesus, rompeu um frasco de precioso óleo — nardo puro, de grande preço — e perfumou-os, prestando-lhe homenagem. Desta vez a arrogância do juízo veio de dentro do círculo dos discípulos. João lembra nomes muito familiares: a mulher teria sido Maria, a irmã da amiga solícita e sempre atarefada, Marta. Lucas tinha dito que Maria ficava a escutar Jesus, sentada aos seus pés, como os curados acolhidos por Jesus, como discípula atenta ao mestre. Quando Marta reclamou a ação de Maria, Jesus lhe objetara com a delicadeza e a espontaneidade da situação, que Maria escolhia a parte melhor, aquela que ficaria. Desta vez a objeção e o juízo fulminante vinham de Judas, e explodiram como indignação, segundo o relato de João: "Não se podia vender por trezentos denários e dar o dinheiro aos pobres?". Judas tinha suas razões: segundo a parábola do senhor que contratou os sem-terra para seu campo e quis dar a todos os trabalhadores a mesma paga dos que trabalharam todo o dia, independente do tempo de trabalho, para que todos tivessem o que comer com suas famílias, ele pagou a todos um denário!

Portanto, trezentos denários, o valor do óleo derramado, era mesmo muito dinheiro, como certas catedrais que se diz para vender e distribuir aos pobres.

Jesus olhou para a mulher, olhou para o outro discípulo. A paz do oásis estava perturbada, tudo se engolfava no turbilhão. "Ela" — finalmente falou o mestre —, "pelo óleo da consolação, será sempre lembrada pelos pobres em suas agonias, em sua necessidade absoluta de um último conforto. Este é o óleo da piedade, o único óleo capaz de penetrar até o sepulcro dos pobres e fazê-los viver. E assim como continuará a haver pobres neste pobre mundo, é necessário que haja este precioso óleo e esta mulher e este gesto de vida." Para o discípulo decepcionado, às voltas com os restos de sua ambição, esse foi o sinal do fim. João, ao contar, diz sem muito rodeio: "Judas não se interessava pelos pobres, mas pelo dinheiro". Saiu e se esgueirou para o lado dos que desejavam eliminar Jesus. Era notória a vontade das autoridades em arrestar o profeta de Nazaré. Judas iria tirar disso alguma vantagem. Dispôs-se a colaborar mediante pagamento, e acertaram as trinta moedas de prata, dinheiro com o qual foi possível mais tarde comprar um terreno, o lugar chamado ironicamente "Campo do sangue". Desde o acerto, Judas, um dos doze, procurou ocasião favorável para entregar Jesus.

A hora chegou. A festa da Páscoa chegava aos dias altos, o grande sábado estava próximo, preparavam-se as refeições da Páscoa pelas casas e os sacrifícios de cordeiros sem mancha no templo. Os ritos de purificação lembravam a saída da escravidão e a passagem do Mar Vermelho. A mesa da Páscoa, com o cordeiro, o vinho, as ervas amargas, o pão sem fermento,

A hora das trevas e da paixão    135

lembrava a subsistência, as dores e as festas, toda uma vida redimida em êxodo para a promessa de abundância de leite e mel, de paz e fartura. Lembrava-se, enfim, a aliança no Sinai, com os seus mandamentos e promessas. Louvores ao tom de salmos concluíam aquela densa celebração anual sob a primeira lua cheia de primavera.

Jesus também mandou preparar o pão e o vinho, a mesa, a sala. Novamente um lugar emprestado pela amizade. Jesus passou sua vida terrena e missionária como um peregrino que não tem em sua propriedade sequer uma pedra onde repousar a cabeça. Ele, por quem brilham as estrelas, confiava-se à hospitalidade. Não lhe faltou um bom coração e um bom lugar na cidade. Precipitando-se os sintomas sombrios de seu aprisionamento, antecipou a ceia pascal. No sábado solene da Páscoa, ele mesmo seria o cordeiro imolado, mas isso estava ainda velado. À sombra, ou melhor, à luz de sua própria Páscoa, Jesus estava assumindo sobre si toda a antiga Páscoa, que seria depois alargada para além de Israel. Esta era a sua hora, a sua Páscoa.

Subiu à cidade com os discípulos para o rito pascal. João, ao descrever esta hora de Jesus, esta refeição com os amigos íntimos, momento solene e dramático, começa dizendo e pesando cada palavra: "Sabendo Jesus que chegara a sua hora de passar deste mundo ao Pai, como amasse os seus que estavam no mundo, amou-os até o fim". E narra uma surpresa de Jesus: o mestre tirou o manto, tomou toalha e água, lavou ele mesmo os pés de cada discípulo, segundo o costume da hospitalidade. O mestre se fazia servo dos discípulos. Pedro, que amava a hierarquia, se escandalizou mais uma vez, e mais uma vez Jesus, com a firmeza de mestre, ajudou-o a aceitar a nova ordem das coisas: ter parte com o Senhor é deixar que o Senhor seja seu servo. E seguir o exemplo do Senhor e Mestre. Estava aí o que Pedro suspeitava! Jesus desdobrou seu gesto em um mandamento: "Assim como eu fiz, façam também vocês!".

Os sentimentos de Jesus nessa hora derradeira são colhidos por Lucas ao desvelar o desejo de Jesus: "Como desejei, com grande desejo, comer esta Páscoa com vocês! Esta ceia já está sob o signo da nova Páscoa, do Reino que virá. E vocês, que me seguiram em tantas tentações, terão lugar certo no Reino!". No grande desejo de Jesus se descortinava, desta forma — em mesa e pão, em reunião e bênção — o sumo desejo de Deus: reunir a todos na mesa do Reino. Nenhum desejo poderia ser maior, mais puro e mais divino do que este, o da inclusão, da comunhão, da convivência. Desejo de Deus, reversão absoluta dos atribulados desejos humanos, contaminados pela violência da cobiça e da apropriação que produzem morte e solidão. Jesus viveu, nessa hora, com divina intensidade, o desejo peregrino que só no Reino de Deus triunfará de modo absoluto. Mas o desejo arrasta, é fonte de orientação e de realizações que uma vida sem desejos não consegue sequer sonhar. O desejo de Jesus abria estradas em direção ao horizonte do Reino de Deus.

Para perpetuar o desejo fecundante de Reino, ele tomou a comida pascal e, ao abençoar, acrescentou outra surpresa: "Este é o meu corpo, entregue por vocês". E também à bênção do cálice com vinho acrescentou: "Este é o cálice do meu sangue, vida entregue por muitos, para remissão de todo pecado". Doravante esta Páscoa não seria simplesmente memória da libertação do

Egito e do êxodo. Seria memória e aliança de Jesus, memória de sua vida, de sua paixão e de sua glória. Por esta comida de festa e por esta bebida, a nuvem do deserto, a *shekináh*, continuaria habitando com os humildes e Deus continuaria reconciliando o pecador e reencontrando o extraviado para formar uma família. Renovava-se o dom do Sinai, mas de modo absolutamente pessoal: Jesus dava sua vida em fidelidade. O Reino de Deus tinha agora um nome pessoal — Jesus — e a Eucaristia pascal seria doravante o próprio Jesus.

Os discípulos participaram da refeição com um misto de alegria e de constrangimento. A intimidade daquela hora estava perturbada por Judas, já tomado por sua intenção diabólica e já separado pela decisão de entregar o mestre. E, no entanto, Jesus lhe deu a comunhão, partilhou com ele o mesmo pão, sem discriminá-lo. O gesto largo e amplo de comunhão com seu traidor, gesto coerente com Jesus, pôs em plena luz os planos de traição. Queria sacudi-lo e convertê-lo? Queria talvez assumir sobre si o pecado de Judas para não perdê-lo? Os fatos aconteciam para além de qualquer compreensão. "Vai, Judas, faz o que você tem de fazer!" Já era noite, e Judas saiu daquele espaço iluminado e adentrou nas trevas.

Como um patriarca que chegou à hora extrema, Jesus deixou as últimas recomendações, consolou e confortou os amigos. Seu Espírito não os deixaria. Pelo contrário, se ele partisse para o Pai, seu Espírito viria com maior plenitude sobre eles. E ele, Jesus, como novo patriarca ou como Deus mesmo na aliança do Sinai, entregou seu mandamento, um único mandamento: o amor. Palavra surrada, abusada, etérea, mas iluminada pelo horizonte muito particular de sua própria vida entregue até a morte, amor de quem "dá a vida". Ninguém pode ter maior amor do que dar a vida. E dava sua vida, e se tornava o critério de todo amor. Portanto, "amem como eu amei vocês, e nisso todos reconhecerão que vocês são meus discípulos".

Aos salmos de louvor, Jesus acrescentou sua oração, sua oferenda e sua intercessão. Na simplicidade do rito, exercia assim um verdadeiro e novo sacerdócio. Rezou para que o Pai revelasse toda a verdade, toda a luz, toda a união com ele e com os seus amados. Que conservasse todos no amor, que reunisse na coragem e na perseverança em meio a um mundo hostil. Jesus, na iminência do acontecimento derradeiro e trágico da morte, prorrompeu em louvor e transformou o Grande Hallel que se cantava na Páscoa em glorificação do Pai. Com ele todos os presentes cantaram, segundo o costume. Cantaram conduzidos pela voz de Jesus e pela sua energia, buscando a mesma afinação e força. Terminado o louvor, ainda sob o ressoar das últimas sílabas do Aleluia, saíram na noite, tomaram o caminho que desce da cidade à torrente de Cedron e atingiram, do outro lado, na encosta do monte, o Getsêmani.

\*\*\*

O nome do lugar — Getsêmani — se devia a uma moenda de azeitonas que estava no meio do jardim em que oliveiras de grossos troncos se distribuíam pelo terreno com certa regularidade. A intenção de Jesus era passar a noite, suavizada pelo começo de primavera, junto às frondosas árvores, como fizera outras vezes com alguns discípulos. Para além de sua justa intenção, Jesus seria literalmente "moído" naquele jardim da moenda, moído por angústia e tentação maiores do que tinha acontecido antes. Ninguém deles desconhecia a armação que ameaçava Jesus e a todos eles também. Jerusalém, que aparecia sobre a muralha da esplanada do templo, agigantava-se na noite banhada de intenso luar. Dos lados da cidade provinha um murmúrio animado de vésperas de festa, mas, vista de longe, a cidade se encerrava sob um silêncio cósmico, noturno e melancólico. Ninguém ousava falar, e o silêncio penetrava os espaços, podia quase ser tocado com a mão. Pesavam as pálpebras na fuga para o sono. Jesus vigiava em silêncio, precisava rezar. Pediu aos três que estiveram com ele no monte da Galileia e tinham contemplado a maravilha da nuvem fulgurante e da voz confirmadora de Deus para que ficassem perto dele na solidão daquela oração noturna.

Jesus sempre amou, desde muito jovem, os tempos longos de oração solitária. Eram momentos de doçura do Espírito, em que ressoava em Jesus a voz do Pai. Nessa noite, porém, o silêncio começou a pesar também em sua oração, e cavou quase precipitadamente um abismo no lugar da presença. Teve um estremecimento. Sentiu-se como se carregasse em seu corpo todas as angústias da terra, das criaturas inocentes e das vítimas sem socorro, dos profetas lutadores e vencidos, dos pobres espoliados e desiludidos. Todas as misérias, todas as perdas e separações, todas as dores e lágrimas vieram concentrar-se nele e pesavam sobre seus ombros, e Jesus caiu por terra com a face mergulhada em angústia, o coração apertado e desfalecido em tristeza, o corpo em suor de sangue. Pobre homem, em busca da face do Pai. Jazia no silêncio, à distância de um tiro de pedra de seus amigos que ressonavam, em doloroso desamparo, sozinho na noite.

Ele sempre seguiu o caminho que o Pai lhe indicou. Fez o que o Pai lhe confiou. Renunciou a toda tentação e fantasia de grandeza e de poder, e só na humildade e na compaixão permaneceu afinado com os desígnios do Pai. Conhecia por dentro o sofrimento e a paixão do seu povo, e seu coração vulnerável assumiu as dores, pensou as feridas, afatigou-se por todos. Na paixão do povo e na sua compaixão começara sua própria paixão, a partir do interior de uma ação perseverante, fiel, mesmo quando eram tantos os que iam e vinham — assim diz Marcos — que nem ele e nem os discípulos tinham tempo de descansar e, algo mais elementar, de comer. Sua missão foi toda trabalho e cansaços, dores de um pastor por suas ovelhas dispersas. O Pai sempre o escutava, assegurava-lhe o Espírito para vencer toda tentação e cumprir com energia e determinação a sua humilde tarefa, sem lhe faltar a alegria pura das experiências do Reino. Mas agora se sentia entrar na pura paixão, sem amparos, sem ninguém.

Pobre Jesus: no Getsêmani, jardim da moenda, o céu estava mudado, a noite amplificava cosmicamente a solidão. Sentia o silêncio do Pai, a fragilidade de sua carne, o desfalecimento do Espírito, a distância de todos, dos que curou, dos que se tinham entusiasmado por suas palavras, dos discípulos que o seguiam com carinho, mas dormiam, do povo todo por quem ele vivia sua missão. E o vácuo da tristeza, o terror diante da iminência de cair sob a tortura e sob a tempestade de humilhações e sofrimentos até a morte, a iminência do fim de tudo o que amara e pelo que lutara, erguiam em sua alma vagalhões cada vez maiores de angústia e nova tentação.

Agora a tentação o colhia extremamente fragilizado. Hora de sofrer ou de evadir-se do sofrimento? Hora de testemunhar até o fim ou de recusar a desumanidade do sofrimento injusto? Jesus, como era normal, não queria morrer, e o apavorava a possibilidade da perda de controle de si pela tortura que torna covardes até os mais fortes e dobra todos os propósitos, reduzindo a dignidade à miséria humana que ele conhecia sobre as cruzes em agonias e mortes infames. A morte não lhe era "a grande amiga" como pensavam os filósofos socráticos. A morte destrói, separa em solidão e aniquila a pessoa inteira e seus relacionamentos até de Deus e sobretudo de Deus, o criador e amante da vida. A morte é a maior inimiga, e contra ela Jesus tinha lutado quando deu vida ao filho da viúva, à filha de Jairo, ao amigo Lázaro, aos curados e desanimados.

A "grande inimiga" se aproximava e caía diretamente sobre ele. Buscava intensamente na oração, com supremo esforço, um último raio de discernimento. Qual era a vontade do Pai? Se fugisse desta hora, se saísse daí em tempo de precipitar uma mudança e salvar ao menos sua vida e dos seus, quem sabe não era o mais justo, mais proveitoso para o Reino? E, no entanto, esvaziaria seu testemunho profético, sua confiança no Pai estaria abalada, sua fidelidade aos misteriosos sinais do Espírito se corromperia. O cálice transbordava de amargura: uma realidade crua e amarga lhe estreitava um destino tão amargo! "Abbá! Meu Pai querido, afasta de mim este cálice!"

Jesus não queria morrer, não queria entregar seu corpo que era toda sua possibilidade de comunhão com os amigos, com o mundo e com o próprio Pai. O pavor tomava conta, não queria ficar sozinho diante daquele silêncio espesso em que podia mostrar-se um desígnio terrível do Pai. Levantou-se inquieto, com as linhas do rosto ansiosas, interrogativas, e buscou junto dos três discípulos mais próximos algum consolo, uma defesa. Mas eles dormiam com sono invencível, incapazes de enfrentar em vigília tanto abismo. Chamou por Pedro, pediu que rezasse com ele, que a tentação era grande, que sua carne se sentia frágil. Mas que pode escutar alguém com um sono invencível? Voltou à penosa oração, pedindo com insistência, com gemido e clamor, ao único que o podia salvar. E instintivamente voltou de novo carregado de angústia para os discípulos que dormiam. Não tinha saída, ao seu redor só havia solidão. Pela terceira vez se apresentou ao silêncio do Pai, à oração não respondida. Caído por terra, orava, tremia e orava.

Escutou o silêncio. Começou a concentrar sua atenção. Para perseverar na sua união com o Pai, não lhe bastava afinar sua vontade à dele, como antes. Era necessário renunciá-la, entregá-la, conformá-la ao silêncio e à impotência, ao caminho de dores que o próprio Deus iria palmilhar nas suas dores. Por um certo tempo se abismou nessa estranha luz. Até que, do interior desta luz noturna, amparado por uma fidelidade paciente no Espírito, foi murmurando com o peso de sua humanidade: "Não se faça a minha, mas a tua vontade". A união de vontades, que antes lhe era natural — seu alimento foi fazer a vontade do Pai —, nesse conflito chocante de vontades só poderia continuar se renunciasse e esvaziasse a sua vontade. "A tua, e não a minha", murmurava Jesus.

Começava a vencer sua batalha suprema. A tentação foi sucedida por uma brisa de consolação. Um anjo, diz Lucas com muito pudor, amparava-o. Os pintores que se inspiraram em Lucas expressaram o anjo erguendo Jesus e ajudando-o a tomar o cálice. Figura do Espírito, ajudante dos desígnios de Deus, o anjo de Lucas suaviza o tremendo abismo sem as concessões que Pedro passou ao Evangelho de Marcos. De qualquer forma, doravante não seria mais a palavra, mas o silêncio do Pai que o acompanharia. Não era mais hora de falar. Era hora do silêncio. Nem mais a efusão potente, somente a pura paciência do Espírito o acompanharia. Não era mais hora de agir, mas de suportar. O Reino se concentrava na fidelidade e na piedade em meio às dores. Era a hora de carregar todas as dores do mundo e vencer por dentro o férreo sistema do ódio que já se entretecia por todas as partes. O maior milagre, que só o amor produz, não seria a libertação de leis que a natureza impõe, nem dos sistemas que os homens criam como fardos e venenos que adoecem e satanizam. O maior milagre será romper o círculo mortal do ódio que absorve e destrói quem passa por perto. Sem mais, a revolta das entranhas, sem o desejo de barganhar, Jesus estava pronto. Levantou, foi até os discípulos, despertou-os daquele sono para que tivessem com ele a mesma paciência de espírito nessa hora de fraqueza, hora das trevas. Logo vieram prender Jesus.

***

Alguns guardas do templo e alguns soldados do governador romano vieram misturados atrás de Judas. Atravessaram rapidamente a torrente de Cedron, onde ainda escorriam as últimas águas do inverno, e atingiram o jardim. Começava aí, com Judas, uma corrente infernal de entregas. No entanto, Jesus já estava entregue ao desígnio amante e doloroso do Pai e tinha olhos de bom pastor, mesmo ferido por suas ovelhas dispersas no meio da tempestade. Judas o cumprimentou com o costumeiro beijo da hospitalidade que se dá aos amigos. Era o sinal para que os servidores mal informados do templo e do governador reconhecessem a quem deveriam prender. Nem ao governador nem aos sacerdotes importava o grupo inteiro. Estavam convencidos de que, uma vez extirpada a cabeça, os outros se dispersariam e voltaria a calma por toda a parte. Não havia necessidade de supervalorizar. O beijo se convertia em sinal da traição. Jesus, o pastor que busca a ovelha perdida, olhou para Judas e o chamou com um derradeiro chamado de conversão, retirando a máscara de seu gesto, dizendo diante dele o que ele acabava de fazer, para que visse inteiramente sua traição: "Judas, com um beijo você trai o Filho do Homem?!". Mas Judas estava completamente endurecido.

Jesus se adiantou, foi ao encontro dos soldados: não precisavam vir armados como para pegar um perigoso malfeitor, pois o tinham visto entrar pacificamente e ensinar com mansidão na cidade e no templo. Assim lhes retirava também suas máscaras e os devolvia à verdade. Não resistiu à prisão, acalmou ele mesmo o pequeno tumulto que se formou entre os discípulos e não aceitou a resistência atabalhoada de Pedro, que investiu contra um servidor do sumo sacerdote cortando-lhe exatamente a orelha em que o servo levava o sinal de sua ligação com o seu patrão. Nem sua pequena espada nem legiões de anjos: Jesus não iria jogar o jogo de força e de violências mútuas no qual vence sempre o mais forte até que lhe sobrevenha outro ainda mais forte, num círculo infernal de destruição. O Pai não intervinha com prepotência, e ele ficaria exposto, sem outro amparo que não fosse a fidelidade, exposição pura do amor de Deus a qualquer criatura. Mas como pastor, aprisionado e ferido em sua dignidade, cuidou ainda dos discípulos apavorados, para que fossem realmente poupados: "Deixai-os ir".

Houve uma debandada geral dos discípulos. Marcos, o mais duro dos narradores, diz laconicamente: "Todos o abandonaram e fugiram". Só de longe, e muito confusos, Pedro e alguns outros seguiam os fatos sem entendê-los. Jesus, só e entregue aos soldados, foi conduzido atropeladamente, antes que se formasse algum burburinho indesejável de peregrinos que acampavam por todo lugar naquela véspera de Páscoa. E atropeladamente começaram interrogatórios para o processo, tudo rápido como convinha, para que se consumasse antes da festa.

***

Os relatos de nossos evangelistas não nos informam simplesmente sobre os atos do processo. Retiram os bastidores do palco para que se possa ver a maquinaria das intenções ocultas. Cada um a seu modo, rompe a lógica aparente para mostrar uma lógica profunda a ser desvelada. Assim, para começar, João traz à tona um detalhe aparentemente sem importância para o desenrolar oficial dos acontecimentos: "Conduziram-no primeiro a Anás, sogro de Caifás, que era o sumo sacerdote daquele ano". No palco, a autoridade pontifícia era exercida por Caifás. Por trás do bastidor, comandava Anás. Caifás tinha presidido a reunião do Conselho dos chefes para examinar o "caso Jesus" e tinha concluído: "Convém que morra um só homem em lugar do povo". Desde então se oficializara a procura de Jesus para lhe tirar a vida, o que o tinha obrigado a se refugiar com seus discípulos em Efraim. Agora, ao comparecer oficialmente Caifás no palco da inquisição, João mostra, num relance, que há algo mais, há interesses particulares e corrupção que conspiram por trás de reuniões oficiais e buscas autorizadas. A verdade estava por trás da máscara.

A reunião do Sinédrio, composto de sacerdotes e líderes da cidade, acertada de forma imediata, noturna, na casa do sumo sacerdote, não chegava a configurar um processo legal, e provavelmente nem era este o interesse dos chefes. Todo processo, segundo o Direito vigente então entre os judeus, devia aguardar ao menos um dia após o aprisionamento para que se acalmassem as paixões, e devia acontecer à luz do dia e em lugar público, quando as emoções se submetem à razão e ao testemunho. Todavia, já estava implicada a autoridade romana, tanto que foram soldados do governador junto com os guardas judeus até o jardim para arrestar Jesus. Tratava-se, por ora, de um interrogatório prévio, um direito que cabia aos judeus na eventualidade de o réu dever comparecer ao tribunal romano. Era até possível que os judeus, por mais iníquo que fosse seu compatriota incriminado, não quisessem entregá-lo aos romanos, e tinham este espaço para juntar provas até a favor dele. Se Jesus tivesse colaborado com seus inquisidores, se tivesse reconhecido sua intemperança e tivesse feito propósito de se emendar em algum exílio anônimo, talvez tudo terminasse aí. Jesus foi teimoso? Ou foi absolutamente fiel?

De novo, porém, os evangelistas retiram de trás do Direito, exercido legalmente, a máscara dos interesses que se contradiziam, se chocavam e se esforçavam por se unificar por cima das rivalidades do poder para se abater sobre o único rival: aquele mestre popular que se tinha tornado incômodo para todos. Se os judeus não entregariam de boa vontade um judeu aos romanos, ainda que fosse o pior malfeitor, também é verdade que os romanos não tratariam com benevolência a intervenção dos judeus, ainda que fosse por um pequeno ladrão de galinha. No entanto, a ficar com os textos sóbrios e desapaixonados de nossos evangelistas, já havia um tácito acordo mais forte que acabaria unindo a todos: era oportuno, para a boa paz dos poderes, que esse Jesus fosse eliminado de alguma forma.

Em Cafarnaum Jesus tinha livrado o endemoninhado da sinagoga, devolvendo as responsabilidades da endemonização aos guardiães da prática diabólica da religião. Tinha também devolvido aos interesses econômicos dos criadores de porcos de Geraza a endemonização do pobre bode expiatório que carregava as culpas dos ganhos imundos e se autolapidava assumindo e internalizando as culpas dos outros. Devolveu a Simão, o fariseu, a endemonização da mulher que tinha lavado seus pés, como em suas pequenas histórias tinha devolvido ao fariseu o pecado imputado ao publicano, ao rico a maldição do pobre Lázaro. Agora o próprio Jesus estava exposto à concentração de forças demoníacas, e todos os ódios recalcados e acumulados nas relações entre os chefes, judeus e romanos, encontrariam nele a válvula de escape que aliviaria as tensões e pacificaria os movimentos profundos das almas e das relações de poderes. Portanto, para a paz geral, convinha eliminá-lo, e dentro da lei, com boa consciência. Ele precisava ser culpado.

O interrogatório começou de forma muito geral, sobre sua doutrina e seus discípulos. Jesus conhecia a alma humana, sondava suas profundezas, e não iria entrar no jogo de fachada. "Ensinei abertamente na sinagoga, no templo. Não ensinei ocultamente. Todos sabem o que ensinei." De fato, até a guarda do templo tinha escutado Jesus. O desvelamento da verdade, em sua abrupta sinceridade, doeu aos ouvidos habituados à formalidade e à bajulação, e a reação veio em forma de bofetada. Jesus, de novo, se levantou da violência para a verdade que liberta, para a "outra face", oferecida em forma de palavra e razão. "Se falei mal, mostra-me. Se falei bem, por que me bates?"

O interrogatório, então, deixou as generalidades e se concentrou no que mais interessava aos chefes dos sacerdotes: o templo. Entre as testemunhas que se prestavam para ganhar com sua subserviência, mas não apresentavam consistência e coerência, emergiu a acusação de que Jesus blasfemava contra o templo, ensinando sua destruição. Era verdade? O que poderiam entender aqueles homens do templo sobre a verdadeira religião em espírito? Jesus calava. Seu silêncio parecia a placidez de um lago sereno no meio da tempestade. O sumo sacerdote, revestido de poder sagrado supremo em Israel, tomando para si o turbilhão de emoções e inquietações gerais, levantou-se de forma solene e fez a grande pergunta, direta e intrigante: "És o messias, o bendito de Deus?".

Jesus tinha percorrido um caminho messiânico muito humano, cheio de tentações e de renúncias, caminho palmilhado na humildade e na obediência ao Pai da misericórdia, contradizendo todas as expectativas de grandeza e potência. Em plena consciência, batendo-se com a cabeça e o coração daquele homem que representava Israel, à solenidade da pergunta devolveu a transparência simples da resposta: "Sim, eu sou! E vocês verão o Filho do Homem vindo com o poder de Deus para julgar vocês". Jesus invertia o juízo e a autoridade.

Ao sumo sacerdote, escandalizado, juntou-se o coro dos chefes: "Blasfemou, é réu de morte!". Já tinham o bastante para unificar seu desejo. Passariam por cima do outro desejo, de não entregar um judeu aos romanos, pois, convinha seguir o fio de uma vontade maior. Iriam se apropriar do tribunal romano para saciar o anseio principal. A morte era o objetivo.

Teriam os chefes salvado Jesus se ele não tivesse sido tão teimoso? A fidelidade de Jesus era, para eles, uma arrogância, uma obstinação, o defeito da "dura cerviz" — uma testa que não se dobra. Se Jesus tivesse colaborado, se eles o tivessem desmantelado, se tivessem eliminado de forma "branca", como um desaparecido, sem entregá-lo aos romanos, certamente a solução teria sido perfeita para eles. Satisfaria também o desejo de não dar satisfação aos romanos. E seria menos traumática para todos, inclusive para o movimento de Jesus. Mas não, Jesus não colaborou com eles, não se dobrou. Recusou ser simplesmente o bode expiatório de suas intenções secretas ameaçadas e de seu poder exorbitante sobre os filhos de Israel, ainda que isso não lhe salvasse a pele com um exílio qualquer. O interrogatório prévio devia prosseguir no tribunal de Pilatos. Com a obstinação de Jesus não havia possibilidade de meias medidas, só a morte poderia ser solução, e, nesse caso, convinha sumamente ao tribunal de Pilatos. Os romanos tinham retirado dos judeus o direito à pena capital, exceto em caso especificamente interno, de caráter religioso grave. Disso sabiam judeus e Pilatos, tanto que o governador logo intuiu as intenções secretas dos chefes. A satisfação de Pilatos teria sido obrigá-los a encarar sua verdadeira intenção e eliminá-lo por eles mesmos, arranhando a imagem dos chefes diante do povo que ainda queria bem a Jesus. E todos sabiam, no fundo, que Jesus era inocente e se tratava de incômodos de poderes. No entanto, não chegavam ao fundo deste saber, porque estavam assoberbados por razões de estado, de tradição, de segurança das instituições, o saber prudencial disposto a sacrificar alguém pela paz geral.

A possibilidade de lançar mão do direito à pena de morte que ainda restava em caso de delito religioso, que de fato usaram mais tarde contra Estêvão, teria sido a lapidação, como era prescrito: atirar pedras contra o condenado, até a morte. Uma blasfêmia grave poderia conduzir, embora raramente de fato, à lapidação. João conta que houve uma tentativa de lapidação de Jesus em pleno templo, quando ele deixou entrever que ali estava alguém mais íntimo a Deus do que Moisés ou Abraão. Os ouvintes entenderam bem: "Ele se faz Deus!". Provavelmente João nos conta este detalhe, bem mais tarde, para sublinhar, através do conflito e do escândalo, a revelação de Jesus, o desafio à fé cristã de acreditar num Filho de Deus tão humano. Ora, a lapidação tinha sido descartada pelos chefes exatamente porque todos sabiam, no fundo, que ele era inocente: iriam fabricar um mártir, como aconteceu aos profetas. E isso não era nada bom para eles diante do povo. O próprio Jesus, sabedor de sua inocência como a dos profetas, e sabedor da morte violenta dos profetas por mão dos interesses dos poderosos, podia ter esperado o mesmo destino dos profetas, acusados de abuso das coisas de Deus, mas depois reconhecidos como testemunhas e mártires da Palavra de Deus. Jesus, segundo esta lógica, podia ter esperado, mesmo não querendo, uma morte por lapidação. Mas os chefes não estavam dispostos a lhe dar, às expensas deles, o privilégio do martírio. Deslocaram sem grande dificuldade a substância do delito.

***

Ao amanhecer, depois de uma noite tensa, levaram-no ao procurador que tinha vindo a Jerusalém para vigiar a festa de perto. Jesus foi apresentado a Pilatos com a acusão de sedição popular. Vinha sublevando o populacho desde a Galileia até Jerusalém ameaçando a ordem social. Não era difícil, de fato, interpretar o lado politicamente perigoso do fenômeno Jesus. Nem para judeus nem para romanos havia uma linha divisória entre poder religioso e poder político. Num mundo teocrático tudo se unificava. O império de César era divino para os romanos. Mas no Reino de Deus pregado por Jesus só Deus era divino, e nenhuma autoridade terrena subsistiria divinamente. Na Galileia, o principal interessado em eliminá-lo tinha sido Herodes, a raposa política, e foi a popularidade que rodeava Jesus a impedir seu intento. Em Jerusalém a autoridade dos chefes era maior e o povo mais fraco. Na capital governava César por meio de seu procurador. Roma era estrategicamente benigna com outras expressões religiosas, mas não tolerava absolutamente qualquer concorrência ao seu poder imperial, à sua divina política. E Pilatos não podia fazer concessões nesse ponto. Ainda que Tibério, o imperador romano desse tempo, estivesse alquebrado e acovardado na ilha de Capri, era sempre "César", a personificação do divino Império Romano.

Os chefes colocaram Pilatos contra si mesmo: se poupasse o galileu, iria se bater contra César, e isso não podia acontecer. E assim também Pilatos se movia com desejos conflitantes: para frustrar os chefes judeus e fortificar seu poder sobre eles, queria soltar Jesus. Todavia, para salvar seu poder de procurador romano diante de César, devia talvez satisfazer e acalmar os chefes judeus e sacrificar Jesus. Deveria seguir seu desejo mais importante, mesmo reconhecendo que o galileu era um inocente e só se tratava de intrigas internas.

Nesse momento crucial do processo e dos choques de desejos e paixões por poder, por ganhar ou proteger os próprios poderes, por trás dos bastidores do palco, Lucas mostra engalfinhada a raposa: Herodes também estava em Jerusalém. Era Páscoa, ele era judeu e era rei na jurisdição natal de Jesus. Tinha todas as condições para orquestrar, escondido como convém à raposa, a contradição dos desejos e paixões dos outros, dos judeus e do romano. A presença do antipático Herodes por trás da cena pareceu a Pilatos uma saída para sua própria contradição: se o subversivo era galileu, pertencente à jurisdição de Herodes, que o levassem ao julgamento dele. Herodes o recebeu com a surpresa de quem recebe um presente. Ele queria satisfazer, antes de tudo, a sua curiosidade por ver de perto e ouvir com seus próprios ouvidos o homenzinho que o tinha atemorizado na Galileia, mas agora era possível conhecer e manobrar com o medo sob controle. Mas também Herodes ficou frustrado em seu desejo pelo silêncio e pela dignidade de Jesus, que não entrou em um falso diálogo.

Juntou-se então, na lógica do processo, ao desejo maior, à paixão aniquiladora, a eliminação de Jesus.

Herodes fez muito mais do que se juntar aos outros. A raposa orquestraria todas as partes escondidamente se Lucas não tivesse retirado de sua frente o bastidor do palco: juntando à violência o seu desprezo, como desforra pelo silêncio que sentiu em Jesus, enviou-o empacotado como um presente de retribuição a Pilatos, revestindo-o com o seu manto de rei, que seria o sinal para Pilatos e para os chefes de Jerusalém, o símbolo do veredicto de condenação: pretensão de ser rei dos judeus. Herodes, o pequeno rei que restava aos judeus, transformando Jesus num cômico sósia de si mesmo, como um palhaço ou bobo de sua corte, encontrava assim a unânime, maravilhosa solução, reunindo todos os desejos em conflito: que o executassem pela pretensão de ser rei dos judeus "contra" Roma. Só ele, Herodes, era um rei dos judeus "junto" com Roma. Lucas, além de revelar, com os outros evangelistas, a trama satânica que se movia por baixo das fachadas, conclui com triste ironia: "Naquele dia Pilatos e Herodes fizeram as pazes e cessaram de ser inimigos". As rivalidades, sempre perigosas para os poderes, tinham sido suplantadas por um ódio comum que os tornava, doravante, amigos e mais fortes, até que outras rivalidades incontornáveis acabariam esmagando a ambos.

Pilatos, porém, não se deu logo por vencido diante do vozerio que aumentava graças à habilidade dos chefes. Poderia ainda suplantar a sugestão do seu rival judeu Herodes. Usou seu privilégio de indulto em dias festivos para agradar o povo. Colocou uma alternativa diante do povo, e jogou com peso: que escolhessem entre este manso galileu, que teria pretensão de dar aos judeus um reino, e o famoso Barrabás, homem carregado de crimes. A alternativa parecia um jogo perfeito, pois o peso devia ser favorável ao nacionalismo, a quem desejasse o reino de Israel, mesmo com a fantasia de ser o rei. No entanto, jogou mal diante do zelo dos oprimidos, pois não foi difícil aos chefes explorar a autoestima ferida dos judeus diante da astúcia do desafio, fosse qual fosse o judeu criminoso como alternativa. Assim, a resposta também foi surpreendente e pesada: "Queremos Barrabás!".

Os chefes continuaram com a tese de que aquele galileu era um malfeitor da ordem social, que era da competência de Roma, e não mais um blasfemo que merecesse a lapidação pelos próprios judeus. A Jesus, portanto, sobrava a crucificação, o delito dos malfeitores diante do Império Romano. Diante da ordem oficial de execução emanada pelo governo de Roma, seria roubado qualquer significado religioso que poderia ter a sua morte. Não como um mártir, uma testemunha ou um bom pastor, mas simplesmente como um malfeitor, um ladrão qualquer, vazio de qualquer sentido, deveria morrer Jesus.

Pilatos, encurralado, mandou soltar Barrabás, mas intrigava-se por tanto ódio contra aquele pobre homem. Interrogou-o ulteriormente, por uma questão aparentemente muito pessoal. E João nos expõe a fundo, alternando interrogatórios e acusações, a tragédia desse confronto, entre a autoridade que representava Pilatos e a autoridade que representava Jesus. Tratava-se do confronto entre a verdade do Reino de Deus e o poder do invicto império deste mundo. Os impérios deste mundo usam os meios de força deste mundo, e o Reino de Deus não se impõe com legiões. A única arma do Reino de Deus é o testemunho desarmado da verdade. Mas quem é do poder ouve o poder, e quem é da verdade ouve a verdade. Para Pilatos, como para o italiano Maquiavel ou o inglês Hobbes, os teóricos do poder, era o poder e não a verdade que constituía a autoridade. Ele, identificado com o poder e sua autoridade, não tinha ouvidos sequer para escutar a autoridade da verdade. Fez, diante de Jesus, a famosa pergunta, grave e retórica ao mesmo tempo, que ecoa para sempre, sem chance de que a resposta seja escutada pelos poderes, os que não aguentam a paciência e a pureza da resposta: "Que é a verdade?".

Jesus era, em pessoa, a verdade. Mas Pilatos, homem do poder, não tinha ouvidos para Jesus. Exasperava-se o trágico confronto da verdade e do poder na pessoa de Jesus e na de Pilatos: "Não sabe que tenho poder? Para te soltar e para te crucificar?". Pilatos exercia seu poder acima da inocência de Jesus, sem considerar se era ou não culpado, poder sem verdade e por cima da verdade. E Jesus: "Não sabes que não terias poder se não te fosse delegado do alto, de César, tua fonte de poder? E que este poder sem verdade é pecado? Como é pecado ainda maior a entrega do inocente em nome de Deus!".

Pilatos se encontrou no meio do paroxismo, pois os desejos que se uniam de todas as partes, superando os ódios que até aí moviam as partes entre si, convergiam nele, o representante do império. Se ao menos o próprio réu convergisse com a culpa, então ele mesmo entregaria a solução. Para alívio geral, o réu assumiria sobre si todos os desejos, todos os ódios e culpas. Seria uma reconhecida autoexpulsão, que o tornaria até meritório de elogio. E ninguém teria problemas de consciência. Todos poderiam invocar a justiça de Deus ou de César numa justa condenação. Tudo se resolveria se houvesse confissão. E a pressão era total, quase impossível de o réu resistir sem confessar. Todavia, Jesus irradiava silenciosamente sua inocência e sua verdade, e não aderia à unanimidade, não aceitava internalizar a culpa e confessá-la, não falseava seu testemunho. Para piorar a situação, Mateus retira o último bastidor da maquinaria oculta e relata uma intervenção surpreendente: uma mulher, exatamente a mulher de Pilatos, mandou ao marido um aviso: "Nada faças a esse homem, que é justo!".

Então Pilatos decidiu. Diante de todos, fez o patético gesto de lavar as mãos, gesto conhecido, que queria expressar a sua inocência pela sentença que ele mesmo iria proferir, cúmulo da encenação, paradoxo de uma tentativa de colocar a máscara em pleno palco. E assim, lavando as mãos, sentenciou a pena de morte por crucificação, por ofensa ao império: "lesa-majestade", ou mais propriamente, em latim, *seditio*, segundo a *Lex Julia de majestate*. Estava Jesus legalmente condenado à execução capital por sedição, para alívio geral. Pilatos, em pleno palco, lavou as mãos como quem representa todas as partes: por trás lavaram as mãos os chefes, lavou as mãos Herodes, lavaram as mãos os próprios discípulos. O "lava-mãos" à luz do palco colocava na mesma luz todos os "lava-mãos" da história humana.

Pilatos, na verdade, era a culminância de um processo de culpabilização e de endemonização do inocente. Inocentava todos culpabilizando Jesus ao legalizar sua execução no confronto de um poder diabólico sem verdade e da verdade inocente sem poder. Jesus era a culminância dos esmagados pela agressividade unânime e destinados à imolação para o bem do sistema, representante dos inocentes feitos expiação como culpados. Ao contrário do humilde e servidor "lava-pés" de Jesus que poderia erguer os pobres e transfigurar a história do mundo, o vistoso "lava-mãos" de Pilatos, tragicômico, continuaria esmagando os inocentes pela arbitrariedade dos poderes exercidos com falsa, como se fosse boa, consciência, como salvação geral: "Que um morra por todos". O que aconteceu de surpreendente, porém, é que Jesus, protestando sem uso de poder a sua inocência e a sua verdade, fez desabar a fachada justificadora do abuso de poder, quebrando-se o ídolo, o "príncipe deste mundo" que acusa e esmaga os que não entram em sua lógica. No fragor da queda da máscara e na glorificação da verdade, sabe-se a partir do processo de Jesus — processo no qual Deus mesmo esteve em causa — quem é culpado, mesmo que lave mil vezes as mãos, e quem é inocente.

Cabe, nesta altura dramática da narrativa, a delicada pergunta: "Quem foi culpado?". Quem foi "deicida"? "Todos nós", que lavamos nossos delitos sobre os inocentes, já dizia Isaías no cântico do Servo sofredor. "Todos nós", choraria Pedro, o primeiro Papa, confessaria Paulo, o grande evangelizador. Só quando a Igreja, misturada com poderes mundanos, esquecesse tragicamente esta tendência à união satânica — acusadora — de todas as partes contra os mais frágeis, é que iria culpabilizar os judeus em particular, repetindo exatamente com os judeus o que se fez com Jesus. Ou com índios, mulheres, negros, muçulmanos. Mas a endemonização do inocente para culpabilizá-lo não seria uma exclusividade da religião, porque o Estado moderno e as mentes secularizados culpabilizam os pobres, os fetos, as minorias, os migrantes, os "outros", porque alguém precisa ser o culpado. Em todas as latitudes da história, só uma confissão conjunta, um ato penitencial coletivo, pode receber a salvação do inocente e da vítima e desvencilhar-se da tremenda necessidade de acusar e buscar novas vítimas em vez de ver e converter as causas.

O livro do Apocalipse, com os olhos voltados para o final da longa e atribulada história sobre a terra, canta em ação de graças: "O Cordeiro imolado precipitou o Acusador" — o satanás que, desde Caim, constrói a cidade fortificada e a mentira para destruir e imolar as criaturas frágeis e inocentes, numa ciranda de rito satânico que bebe o sangue inocente, faz do sangue, da fadiga e da vida dos humildes, as suas construções, as suas catedrais e impérios, lavando as mãos, de consciência limpa, dentro da lei. O "príncipe deste mundo" começou a cair, a ser exorcizado, diante de Jesus. É o único grande exorcismo que João menciona, a "queda de satã" diante da poderosa inocência e do amor transparente e extremado de Jesus.

Naquela noite, porém, após a execução sumária do galileu, todos iriam dormir aliviados, de "mãos limpas", e começaria a Páscoa. Enquanto ainda se preparavam os cordeiros sem mancha, Jesus era preparado para a imolação. A soldadesca de Pilatos, a mesma que o flagelara segundo as regras de castigo dos romanos para que os acusadores amolecessem no processo, faria o serviço público que faltava, o ritual de *transfert* das energias agressivas a ser transferidas para o condenado: vestiram-no de "rei-palhaço", bobo da corte, uma espécie de rei invertido, com uma cana por cetro e uma coroa de espinhos, prestando-lhe as honras de suas cusparadas, uma homenagem perversa, às avessas, conhecida nas descargas da miséria geral sobre as vítimas expiatórias. Ele devia ser sobrecarregado das misérias gerais através desse ato de violência, da agressão legalizada. Para tanto, o próprio Direito romano esvaziava a personalidade do condenado que não fosse cidadão romano. E Jesus, diferente de Paulo, não era cidadão romano. Não tinha o direito de morrer pela espada e rapidamente. Porque o cidadão romano ainda permanecia com algum direito de pessoa humana após a sentença. Jesus, porém, uma vez sentenciado, perdeu direitos e deveres, ou seja, não era mais um sujeito, não era mais reconhecido como pessoa. Com ele, então, se podia fazer o que se quisesse, e assim cumpria a tremenda função de bode expiatório.

O bode sobre o qual Israel impunha as mãos e confessava seus pecados, expulsando depois o animal escolhido para morrer no deserto, era uma figura substitutiva do que os profetas condenaram veementemente: vidas humanas inocentes, às vezes crianças, eram sacrificadas para acalmar a agressividade geral, sobretudo da divindade. A "geena", o lugar mais fundo do vale abaixo de Jerusalém, tinha ficado célebre por tais horrores, e por isso passou a ser sinônimo de inferno. A história humana conheceu outros candidatos a esta função expiatória, além de crianças inocentes: o inimigo aprisionado, o excepcional, o fraco, a autoridade enfraquecida que antes estava acima de todos e depois desaba abaixo de todos. Tal rito, hoje mais disfarçado, era *katársis*, uma sangria através dos tecidos delicados ou fragilizados do corpo social, como uma espécie de medicina de purificação procurando realizá-la com o menor dano possível, pelo lado mais frágil. Em algumas cidades gregas se deu o nome de *fármakon* à vítima expiatória sobre a qual se exercia tal estranha medicina. Dentro da lei romana, Jesus era o *fármakon*, e sobre ele pesava a agressividade de todos, como ovelha levada ao matadouro, bode expiatório de todas as partes, não só desconsiderando sua inocência, mas exatamente por causa de sua inocência que não jogava com as forças de revide e vingança. Não só feito pecado por todos, mas encarregando-o das purulências de todos. Com o rito dos bofetões e cusparadas.

O sacrifício que Deus não queria, o protesto que ressoava desde Abraão na boca dos profetas e do próprio Jesus — "a misericórdia agrada a Deus, e não o sacrifício" —, concentrava-se demoniacamente sobre Jesus, o Filho de Deus que tinha renunciado à forma e à potência divina para conviver fraternalmente em forma humana, e agora era violentamente esvaziado também da forma humana. Desumanizado, deformado, sem beleza, embrutecido, esvaziado de si com toda legalidade, era pura misericórdia feita infame sacrifício. Era assim que a piedade expiava por quem batia. O sacrifício, preparado com bofetões e cusparadas, estava pronto. Jesus foi levado para fora da cidade, como convinha, para ser crucificado com outros malfeitores, portando a *causa mortis* ao pescoço, com a sentença: "Jesus de Nazaré, rei dos judeus".

∗∗∗

O primeiro desastrado que rompeu o pacto unânime da falsa boa consciência foi Judas, o primeiro que entregou Jesus à condição miserável de vítima expiatória. O remorso e o desespero o corroeram rapidamente, e diante da irreversibilidade das consequências, sem poder romper a lógica desencadeada, enforcou-se.

Não teria chegado a isso se tivesse lembrado o olhar de Jesus no jardim, assim como aconteceu com Pedro, o segundo desastrado. Também negou e renegou Jesus, traiu a seu modo, e feriu a amizade do mestre tanto quanto Judas. Ele, o mais disposto a declarar seu amor por Jesus e a defendê-lo, a ser sempre o seu aliado, mesmo com a morte, negou Jesus diante de uma mulher, uma doméstica, tal o tamanho de sua covardia e mesquinhez. Lucas sublinha bem este contraste, mas com suavidade bem feminina ameniza o pecado de Pedro dizendo logo que Jesus veio em socorro do discípulo-líder, com a soberania de sua compaixão, com o olhar do bom pastor. O "Senhor" olhou para Pedro, afirma Lucas, escolhendo bem a palavra "Senhor". Jesus distribuía ainda aquela força redentora brotada de sua piedade pela miséria alheia, que lhe merecia o título de "Senhor" mesmo quando estava afundando na mesma e pior miséria. A cruz revelaria que tipo de "Senhor" era Jesus.

Lucas continua a trazer à tona outras pessoas, diferentes, que não entraram na unanimidade da acusação e, pela lógica, deviam ficar para sempre ocultas pela sua impotência. É assim que se escreve a história dos vencedores, recalcando a memória dos inocentes porque são impotentes, não deixam traços grandiosos na história. Também de sob os inocentes os nossos relatores lhes retiram o piso de cimento para que apareça finalmente a sua verdade e a justiça, pois — conta Lucas — no caminho para fora da cidade, para o lugar da sua crucificação, vieram ao encontro de Jesus algumas mulheres, mães de Israel, exceção humilde e honrosa rompendo o cerco da falsa boa consciência, símbolo da fidelidade corajosa, da verdade sem medo, em testemunho público de piedade e pranto compassivo. Ele tinha sido movido, desde o início de sua missão, por uma compaixão maternal para com a paixão de seu povo. Agora era ele sustentado pela compaixão daquela porção materna de povo em sua própria paixão. No entanto, ele voltou seu olhar para elas com uma compaixão ainda maior, pois sofria a dor pela qual elas mesmas continuariam sendo atravessadas em seus filhos inocentes séculos afora, a multidão de inocentes que continuaria a perder. Elas choravam por ele, e ele chorava por elas e por todos. Para ele, qualquer outro inocente, nas multidões dos tempos, era o mais importante a ser salvo, e era por cada inocente feito vítima que ele estava sendo vítima inocente.

Desse círculo de compaixão nasceu a piedade sempre renovada do povo pelo crucificado, a identificação do sofrimento popular com ele e a capacidade de resistência da dignidade e do humanismo ainda que sobrecarregado de sofrimentos: se ele sofreu tanto, nosso sofrimento é solidário, é o modo da consolação, não deixando sozinho na aflição quem sofreu tanto por nós. é o sofrimento da Pietà, da Dolorosa, da mãe que acompanha o filho, do povo que acompanha a angústia do seu bom Senhor, a piedade barroca que atravessa a alma popular.

Lucas continua pintando a imagem do bom pastor. Na cruz, depois de despojado e atravessado pelos pregos que o penderam em dor pública, um malfeitor se juntava ao vozerio unânime da opinião formada que subia como última tentação: "Curou e salvou, que se salve e a nós também". Mas o outro, sabendo-se malfeitor como o publicano no templo, e rompendo a unanimidade condenatória, reconheceu a inocência de Jesus, o único justo que poderia absolvê-lo. Em vez de provocá-lo, entregou-se ao olhar do pastor e entrou na lógica do Reino, em que ladrões e prostitutas precedem os que se julgam justos. Lucas nos relata, por cima do vozerio, sem altercância às agressões sedutoras, o murmúrio suave de Jesus dirigido ao companheiro de cruz: "Hoje você entra comigo no Reino". Hoje, apesar de tudo, como o "hoje" de salvação, dito pelo anjo aos pobres pastores, o "hoje" da graça do filho humilde de Nazaré aos seus conterrâneos humildes na primeira pregação, "hoje" ressoando na casa de Zaqueu, "hoje" no meio de dor e morte.

Jesus estendeu um olhar amplo sobre todos, até sobre sacerdotes e doutores e seus sequazes ensandecidos, sobre Pilatos, o seu executor legal e sobre os oficiais que executavam as ordens e dividiam o butim de suas vestes, sobre os que estavam assanhados como torcida no estádio, sobre o mundo absurdo de violência em sistemas absolutamente compactos e cerrados, em que ódio gera ódio e mais violência até a autodestruição completa de todo o sistema com muita dor inocente. E com esta matéria bruta Jesus fez o milagre maior: um perdão incondicional e ilimitado rompeu o sistema mais fechado do que o sistema de leis de natureza ou dos costumes e leis humanas. "Pai, perdoa-lhes porque não sabem o que fazem". Neste supremo ato de liberdade e de libertação, no perdão de Jesus morrendo sob o mundo que conspirava e lançava toda a sua violência sobre ele, libertando acusadores e matadores de suas culpas por não conhecerem a fundo o que perpetravam, culminou a resposta de Deus ao ódio e ao pecado humano. Assim, nesse perdão redentor que ganha para a vítima o seu assassino, "Deus reconciliou consigo o mundo em Jesus".

***

Marcos, porém, penetra o lado mais obscuro da tragédia da cruz. Enfrentar o Evangelho de Marcos é enfrentar o que há de mais abismal em todo sofrimento e morte: o abandono de Deus e a morte em sua crueza, desnudada de qualquer sentido. Marcos nos introduz gradualmente ao abismo, nessa descida aos infernos.

Como nos tempos do deserto ou da montanha, Jesus viveu esta hora fatal entre a tentação e a oração. A tentação se tornou um assalto final, a dramática alternativa entre aceitar tal sofrimento e tal morte ou romper com o último passo do caminho humano de empobrecimento, de humilhação e esvaziamento a ponto de se tornar um verme, um escândalo religioso e uma insignificância. No rio ou na montanha era a voz do Pai que se ouvia na oração. No Getsêmani, a voz do Filho não teve resposta, e Jesus empreendeu o doloroso discernimento do silêncio do Pai. No meio do processo, foi-lhe roubada a morte do profeta que testemunha a verdade e morre em martírio por lapidação. Em uma cruz só se poderia ver uma morte vazia de todo sentido, ridicularizada pelos passantes, morte merecida de um malfeitor. Tal era a humilhação, desde a sentença de crucificação. O caminho não passava mais simplesmente pelo humanismo de Deus, passava pela desumanização, pela infernalização, pelo inferno. E tal abismo subumano tornava mais vertiginosa a tentação. O sofrimento e a fraqueza em invasão crescente lhe debilitava a consciência, obscurecendo-a e revertendo-a em pura inocência, em um já-não-saber-mais-nada. Soava-lhe estonteante a chacota e sugestão ao mesmo tempo: "Se és de Deus, desce da cruz e acreditaremos". A lógica era perfeita: Deus é poderoso, Deus é justo,

Deus é bom. Logo, Deus não deixaria, não poderia deixar morrer um inocente e um justo desta forma. E se Jesus morresse sem o socorro de Deus, então era um abandonado, Deus não estava com ele, não era um justo, mas um impostor.

Jesus se firmava ainda sobre um fio de consciência: sabia que sempre tinha sido obediente ao desígnio do Pai, dando-se pelo Reino. Estaria agora Deus do lado dos injustos? A quem Deus daria razão? Com quem ficaria? Ou desejaria Deus mesmo a sua morte horrível, o seu fracasso e aniquilamento? Seria Deus um sádico, um pai masoquista? Mas que podia Jesus refletir ou filosofar em meio ao sofrimento e à agonia de morte? Jesus mais sentia do que pensava, e sentia toda a dor dos inocentes e desgraçados, dos endemoniados e infernalizados, dos abandonados pelos homens e pelos sinais de Deus. Mas ele não tentaria Deus, morria sob o silêncio. Pediu somente o último consolo de um pouco de água na ardência da morte, e foi-lhe dado o fel com vinagre, remédio a fundo perdido e sabor de um destino amargo.

Jesus escorregou do último degrau de sua consciência, entregando-a em imersão na obscuridade da inocência agônica e da morte como um homem e como um desumanizado, como um Filho injustiçado que morre gritando para o Pai. Marcos e Mateus nos conservaram as sílabas finais, antes da convulsão da morte, um alto grito ao Deus da justiça, "por que me abandonaste?!". Deus criador e doador da Lei, que fizeste a harmonia do universo e a sabedoria da ordem humana, ordem que agora está rompida, revolvida e mergulhada em caos de morte, Deus justo, que tens as medidas de todas as coisas — onde está a justiça, onde estás?

Chegado ao fim de sua agonia, Jesus soltou um alto grito desarticulado, inclinou a cabeça e morreu.

\*\*\*

Paulo, Lucas, João, Pedro, todos buscaram, mais tarde, uma réstia de luz, um raio de compreensão no meio das trevas deste mistério entre o Pai, que nem foi mais chamado de Pai — não "Abbá", meu querido Pai —, e o Filho amado que clamou pela justiça na solidão, no abandono mais trágico, o de Deus. Só a luz da ressurreição iria ser um começo de nova compreensão do que significava para Deus este abandono total do Filho amado. Nele, de fato, estava a radicalidade do dom de Deus, maior do que o gesto de Jacó enviando seu José querido aos irmãos, que fizeram dele o que quiseram, maior do que o envio de todos os profetas que foram martirizados por seu próprio povo. "Deus tanto amou o mundo que deu seu Filho único." Um dom absoluto arrisca o abandono absoluto. "E como não nos dará todas as coisas — diz Paulo aos coríntios — aquele que não poupou seu próprio Filho", mas "o fez pecado" para tomar sobre si todos os pecados e nos reconciliar com Deus, refazendo o mundo, a ordem, a paz, a amizade rompida? Era, portanto, Deus mesmo que estava na dor do abandono do Filho, recusando a potência e se fazendo paciência, sem fazer ouvir a sua voz num processo violento, mas sofrendo em silêncio revelador e salvador, aguentando a dor da agonia do Filho na fidelidade do dom até o fim, sem retorno, amor puro feito pura dor.

O amor puro, que amou até mesmo o inimigo, se fez renúncia do amado em favor do inimigo para ganhá-lo de volta. Fez-se abandono e perda, distância infinita e dor de morte para ganhar muitos, infinitamente, de volta à alegria da vida. Nessa distância e nessa dor cabe o universo com todas as distâncias e dores criadas pelo ódio, pelo pecado e pela morte. Piedade e destemor de Deus, fragilidade e coragem de Deus, expiação materna capaz de engendrar perdão, bondade e salvação tomando a substância mesma do ódio brutal, da iniquidade e da perdição recebidas em seu corpo dilacerado e transformando o mal em bem, a injustiça em justificação, qual laboratório de piedade que devolve em supremo milagre a ofensa na forma de expiação e misericórdia. Na cruz Deus suportou o peso do universo com a fidelidade do amor criador e com o desejo nupcial.

Com que força, exatamente, clamou Jesus na hora da morte sobre a cruz? O clamor por Deus foi na força do mesmo Espírito que engendrou o Filho no seio do Pai, que o engendrou também no seio de Maria, que o impulsionou a dar vida e curar feridas pela Galileia. O Espírito era a força que liberava de suas mãos para expulsar os demônios e reerguer os abatidos, que saía de sua boca com palavras de liberdade e autoridade para abrir os horizontes do Reino de Deus. Era o Espírito da misericórdia, da *shekináh*: presença paciente e forte de Deus nas fadigas e sofrimentos de seus filhos, piedade e comoção capaz de aceitar as trevas em sua luz, de gemer com os inocentes, de chorar com os vencidos, de se exilar com os expatriados, de amar mesmo quando não fosse amado para conquistar todos ao amor. O Espírito sob seu contrário, de vento impetuoso se tornando brisa suave, ternura ao invés de força, lágrimas ao invés de sorriso, energia da paciência que suporta, não do ímpeto que se impõe.

O Espírito da compaixão unia as distâncias e colocava do mesmo lado os dois entregues ao mundo, o Filho e o Pai, no supremo esvaziamento de Deus, na revelação mais paradoxal do seu mistério, transparência de puro amor lá onde o amor do Pai pelo Filho era pura dor e participação silenciosa na compaixão sem recursos, mas onde também o amor do filho pelo Pai era pura dor e paixão abandonada. Nessa dor e nessa compaixão, o Espírito abria o espaço da compaixão de Deus pelo mundo, suporte de toda dor e de todo inferno do mundo. Tudo pode ser salvo por tal compaixão. Na cruz e na morte, na oferta de si, em novo sacerdócio que não oferecia uma vítima a Deus, mas onde Deus mesmo, sacerdotalmente, se oferecia a si como vítima por um mundo sem vítimas e sem sacrifícios, era "por meio do Espírito" que acabava um sacerdócio vitimário e começava um sacerdócio e um sacrifício, uma Eucaristia, de puro louvor à vida — assim canta a carta aos hebreus no capítulo 9.

Lucas descreve a palavra derradeira de Jesus como oração do justo, o exemplo do cristão na consumação e na encomendação da vida, o gesto de entrega e abandono de si nas mãos do seu criador: "Pai, nas tuas mãos entrego o meu espírito". João, o evangelista que não vê Jesus tentado nem caído no "jardim da moenda" — são os guardas que caem diante dele —, conserva da cruz de Jesus a administração da obra do Pai, em que Jesus é senhor de sua morte como consumação da obra, perfeição da obra do Reino de Deus, o amor até o fim e a exaltação da figura que atrai o universo no eros divino, capaz de redimir e de introduzir desde a cruz às núpcias do Reino. Cruz, nova árvore de vida, cujo madeiro mortal floresceu para substituir a árvore verde do paraíso que se

A hora das trevas e da paixão     169

tinha tornado mortal e seca. Cruz, lugar do banquete pascal em que o corpo do Cordeiro se entregou para fazer passar o mar e sair para a vida. Por isso, continuando com João, nesse instante denso de nova criação, Jesus expirou — soprou — o Espírito, como Deus tinha feito desde o início, na criação humana, e consumou assim, na cruz, a criação. Como um Pentecostes na cruz, derramando o Espírito e iniciando a Igreja desde a profundeza do coração aberto, chegado à obra perfeita do amor e do Reino, Jesus mesmo deu soberanamente à morte o sinal, a licença, que superou qualquer traição ou pecado mortal, na consumação do amor: "Tudo está consumado". E assim morreu o Senhor da vida e da morte, o autor da vida, passando serenamente aos outros a sua vida na morte.

João, Paulo, Pedro, todos buscaram mais tarde o significado de tal cruz. Pelo sofrimento e morte de cruz, Deus nos reconciliou, apagou nossos pecados, crucificou nossas dívidas, curou nossas feridas, atravessou a distância da inimizade, derrubou o muro de separação, alcançou o abismo da perdição. E nos reconciliou. Revelou que sua essência é amor a toda prova, seu juízo é salvação. Sua onipotência é tão somente a onipotência do amor, da paciência e da compaixão. Vence sem vencidos, desde o lugar da vítima, acolhendo sob o golpe de todas as violências. Julga salvando, pelo perdão da culpa. Conquista pela fragilidade. Abraça o abismo da separação mais distante, a do inferno, para salvar do inferno. A cruz se tornou símbolo da revelação da essência do Deus "cristão" — o Pai, o Filho, o Espírito Santo — e também da redenção do mundo. Pedro repete Isaías em plena experiência e não só profecia: "Por suas chagas fomos curados".

O dom de si no inferno da cruz não foi a última palavra de Deus nem toda a sua revelação, como ainda vai-se ver, e não se pode glorificar a cruz recalcando o lado satânico e pecaminoso da crucificação. Deus aceitou sobre si a cruz para salvar da cruz.

\*\*\*

A filosofia humana levou bem alto o pensamento sobre Deus: eterno, infinito, imortal, imutável, impassível, enfim onipotente, onisciente, onipresente. A cruz negava tudo isso: Deus frágil, mortal, paciente, vulnerável, inocente, exposto a todos, entregue. Não, esse não pode ser Deus: os gregos recusavam tal loucura da cruz. Mesmo alguns primeiros pensadores cristãos se inclinaram a explicar o Filho de Deus em duas naturezas: só a natureza humana sofreu a cruz e a morte, pois a natureza divina não pode sofrer nem morrer. No entanto, se "Deus é amor", como declara solenemente João, como pode o amante permanecer impassível diante do sofrimento do amado? A natureza de Deus pode ser vulnerável e pode sofrer porque Deus é amor. A cruz não é só o sofrimento do Filho, é a dor do Pai que sofre a morte do Filho em seu amor. O óbvio começa a ser visto: o Filho sofreu a crucificação e morreu, mas quem sofreu por último sua morte e sua perda foi o Pai. Na perda do Filho, o Pai perdia sua paternidade, todo o sentido de seu existir como Pai e como Deus. Atingido pela morte, nessa dor e nessa perda, também o Pai amante com o Espírito paciente conhece e experimenta a morte no Filho amado, segundo a espantosa afirmação da tradição cristã: na cruz "Deus morreu".

O espanto e a objeção ao sofrimento e à morte de Deus parecem ter suas delicadas razões. Só um Deus que não cai no abismo de nossas dores pode nos tirar dele. Um Deus que sofre a mesma miséria não pode salvar. Este pensamento existe até em nossos dias. Há, na verdade, o sofrimento de nossa própria mortalidade, da caducidade e da degeneração de nossa condição de criaturas, o que nos acabrunha e nos torna egocêntricos e perdedores, nos destrói. Todavia, há o sofrimento do amor, de quem se abre à mortalidade e à dor de outros, sofrimento que engrandece aquele que assim sofre, alarga seus ombros e seu regaço, carregando sobre si a mortalidade do outro e sua dor. Como a mãe que beija o joelho machucado do filhinho caído, sugando assim toda a aflição do filho em sua compassiva e real aflição materna.

Essa solicitude, esse sofrimento compassivo, brotado do amor, é divino, vem de Deus. Não está separado da alegria: desde a criação, Deus, de certa forma, se "encolheu" e sofreu por dentro para criar espaço para outros, para as criaturas, para espalhar por fora, em distâncias e diferenças, com infinito e integral respeito até o silêncio, um mundo de criaturas. No entanto, também se alegrou com a criação e, como diz o livro da Sabedoria, brincou com a diversidade e a profusão das suas criaturas. Na redenção, dor e alegria se dão ao contrário: Deus se dilata e já se alegra por dentro como o pastor que sai em busca de cada uma de suas ovelhas, mesmo que isso signifique, por fora, peregrinação, paciência, espinhos e dores, mas antecipando a alegria plena da grande reunião, do banquete, das núpcias do Reino. No amor de criação e de redenção há esta simultaneidade de alegria e dor. Há um amor de geração que sofre por dentro, mas se alegra por fora, por ver o outro que nasce e se afirma. E há um amor de redenção que sofre por fora em busca do outro, mas se alegra por dentro em vista do júbilo final da comunhão. Geração e redenção no âmbito mesmo da criação e da tensão voltada para a plena comunhão escatológica, caminho onde alegria e dor coexistem ainda que não houvesse nenhum mal e nenhum pecado. O pecado torna esta coexistência mais dramática, mas não vence com a dor a alegria do amor redentor.

Na outra ponta, oposta à visão filosófica de um Deus que não poderia sofrer, um japonês contemporâneo nos surpreende com a afirmação de que "Deus é dor", essencialmente dor. A experiência comum nos ensina que a dor crua, sem o socorro do amor e da esperança, desfigura, destrói, atenta contra a vida, é desumanizadora, demoníaca e infernal. O sofrimento como tal não é meritório, não salva, é sem sentido e perversão de qualquer sentido. Por isso o sofrimento é perigoso, cheio de tentações. Deus é essencialmente amor, e só o amor salva e humaniza. No entanto, é preciso sublinhar: quem ama sofre o sofrimento do amado. O amor é criador, e não teme sofrer a dor de parto. São Paulo ousa dizê-lo sem rodeios para os romanos: o Espírito geme como em dores de parto na criação a ser ainda glorificada. Deus, então, só é dor enquanto dor de parto. E, num mundo em que sofrem suas criaturas, esta mesma dor de parto se desdobra em contrações e dores de solidariedade compassiva que redimem de todo sofrimento. O amor, essência de Deus, amando a criação e a redenção, torna-se um misto de alegria e de dor.

\*\*\*

A redenção pela morte de cruz ganhou explicações diversas, até estranhas, na longa história do Cristianismo. Teria sido, segundo uma antiga tradição, um preço de resgate ao diabo que nos possuía como escravos pelo pecado. Seria assim o preço ao mal, à violência, para absorvê-la e dissolvê-la, como quem absolve uma dívida. Outra explicação, que se tornou mais duradoura, deslocou a dívida contraída com o diabo para o próprio Deus. A questão não seria a pertença ao diabo pelo pecado, mas a ofensa a Deus, nosso criador. E, segundo o Direito romano, toda ofensa se deve medir e pagar objetivamente ao ofendido, mesmo que um substituto possa fazê-lo como sufrágio pelo culpado. Em nosso caso, todo homem pecador deve a Deus a vida por ter tocado a árvore da vida e ter comido de seu fruto, apropriando-se do que é de Deus. Pecamos: a vida é devida a Deus, deve ser devolvida, o que implica a morte. Por isso "a morte é salário do pecado". Portanto, só a morte pode reparar com medida certa a ofensa cometida. Isso, no entanto, significaria o fracasso do próprio criador ofendido, que perderia as suas criaturas. Deus fica encurralado entre a glória de sua criação e a necessidade de justa reparação.

O Direito germânico, que se amalgamou ao romano e marcou o Direito feudal, piora a situação: a reparação da ofensa não se interessa somente pela medida objetiva do resgate, como no Direito romano, mas pela dignidade do ofendido, porque uma coisa é ofender um simples companheiro e outra coisa é ofender o rei, que representa todo um reino, ainda que seja o mesmo ato. A reparação só pode ser aceita *inter pares*, entre iguais, com igualdade de condição das pessoas, e não só igualdade da medida a ser reparada. Assim, por exemplo, se um servo ofende um senhor, somente o senhor daquele servo pode implorar e dar satisfação de reparação ao senhor ofendido. Ou é a rainha, "mãe do povo", que deve implorar junto ao rei em favor dos humildes do povo. Em nosso caso, só um Deus poderia reparar Deus ofendido. Outra situação sem saída para o único Deus e para nós.

Tudo, porém, se encaixaria bem na trindade de Deus e na encarnação do Filho. O Deus Filho repara por nós diante do Deus Pai — *inter pares* —, substituindo-nos em nossa morte, morrendo em nosso lugar diante do Pai. Assim, salva-se a justiça aplacando o Deus ofendido, e salva-se a glória de Deus na conservação de suas criaturas. E assim salvamo-nos nós. Ora, esta interpretação, feita em contexto judiciário medieval, porta consigo o tremendo equívoco da imagem divina segundo o Direito feudal. Projeta-se em Deus aquilo que acontece na sociedade. Uma imagem implacável e vingativa de ofendido que exige reparação sem piedade, sem conhecer a misericórdia e o perdão da graça. Deus parece calculista e sádico, exige o preço da vida à custa de sofrimento, inclusive sofrimento e morte do próprio Filho. E, portanto, um Deus masoquista. Esta não é a imagem do Pai de Jesus, que sofreu a dor infligida ao Filho e a todas as criaturas inocentes que sofrem, contendo-se no silêncio da fidelidade sem violência nem potência, como um abandonado junto com o Filho e com as criaturas sofredoras, prolongando-se ainda mais a sua dor do que a dor do Filho, por causa exatamente da perda do Filho na morte, perda que é o Pai a sofrer para além da morte.

A imagem feudal que entrou sub-repticiamente na explicação da morte do Filho de Deus e da nossa redenção não se inspira na forma como as primeiras testemunhas, Pedro, João, Paulo, entenderam a cruz de Jesus. Não seria mais o Deus revelado na Escritura como *shekináh*, misericórdia materna e compaixão. A "satisfação vicária" — assim chamada — como sofrimento e morte substitutiva do Filho por nós, para aplacar a justiça do Pai, na verdade, ofende Deus. Um sacrifício desse tipo oferecido a Deus seria revoltante, seria retornar a fazer o que, desde Abraão, Deus revelou que não quer — "misericórdia quero, e não sacrifício". Diante da caricatura sacrificadora de Deus, o Deus Pai de Jesus é um "ateu". A cruz de Jesus, erguida pela violência do mundo, não querida e não nascida de Deus, mas suportada por Deus em silêncio, somente no ancoradouro desse silêncio tem sua última esperança, tanto para Jesus como para nós: Deus sem figura, sem imagem, sem palavra, sem defesa, em pura paciência, "que tira o pecado do mundo". Rigorosamente, não se pode dizer que Cristo nos reconciliou com o Pai, mas que o Pai mesmo, em Cristo, nos reconciliou consigo — por pura graça.

***

Mais próxima do testemunho apostólico está a tradição barroca que foi transportada de Espanha e Portugal para a América Latina e ganhou raízes na alma do povo: o Senhor Bom Jesus. Assume e representa o sofrimento humano no quadro da paixão de Jesus. Condenado apesar de inocente, portando a cana no lugar do cetro, espinhos como coroa, apresentado e ridicularizado diante de todos quando Pilatos diz *Ecce Homo* — Eis o homem! — de corpo alquebrado e desumanizado. É o "Senhor da Cana Verde", o "Flagelado", o *Ecce Homo*, títulos que se vão desdobrando em outros ainda, quando Jesus carrega, encurvado, o peso da cruz e se encontra com a mãe dolorosa, o "Senhor dos Passos", até seu abandono nas trevas da morte — o "Senhor do Bom Fim". Jesus assim contemplado é a solidariedade de Deus com as tantas dores do povo, dando dignidade e fortaleza, resistência para não se desesperar e manter um sentido apesar de tudo. "Ele também sofreu!" No entanto, não basta aceitar o sofrimento em paz entregando-o à compaixão do Bom Jesus. A compaixão se inverte e forma um círculo: ele não pode ficar sozinho no seu abandono, é necessário sofrer com ele, fazer-lhe companhia na dor, refazer o caminho do Calvário com pés nus, em jejum e mesmo de joelhos, com algum sofrimento por ele, a nossa compaixão. O segredo deste círculo de compaixão é, sem dúvida, o amor. Por isso já brilha nele a certeza da salvação e da glória. Por trás da cruz ou da cabeça de Jesus sofredor se representa uma aura com raios de glória, anúncio de ressurreição. A glória do amor que redime do mal e santifica o pecador tem este alto preço de sofrimento de quem ama.

Dor e glória, morte e esperança se misturam ainda hoje nas procissões ibéricas e latino-americanas que andam com passos graves ao som dos tambores e dos clarins. A cadência inelutável da tragédia humana representada pelos tambores encontra seu contraponto e sua salvação na limpidez matinal dos clarins que já anunciam um raio de ressurreição. O barroco é sofrimento e festa, sangue e banda de música, realidade e esperança, destino e resistência. Esta espiritualidade de paixão e morte arrisca parar demasiado na cruz, mas o círculo da compaixão se parece com o das mulheres e amigos que continuaram a ser discípulas e discípulos de Jesus na dor. Antes a admiração os atraía e fazia conhecer o mistério de Jesus, o poder do Espírito os associava ao trabalho de Jesus pelo Reino de Deus. Chega a hora em que só a dor, com sua estranheza no lugar da admiração, desvela o mistério ainda mais profundo e faz conhecer o amor desnudado de Deus.

E só a permanência fiel, paciente e silenciosa, em vez dos vaivens da ação missionária — só a pura compaixão sem palavras —, faz dos amigos que olham para Jesus um resto de Israel e uma dor de parto pela comunidade do novo Israel que está por nascer.

\*\*\*

Lucas não nos diz quem eram exatamente as amigas e os amigos que permaneciam com Jesus na cruz, mas lembra as mulheres que seguiam Jesus desde a Galileia: Maria Madalena, Joana, Suzana e muitas outras. João, por sua vez, cita diversas Marias, entre elas a mãe de Jesus, que tinha preparado as núpcias de Caná e acompanhava maternalmente a missão do filho. E outra Maria era a Madalena, a dignificada e elevada a discípula. A Maria santa e a Maria santificada. A Maria-mãe, figura de Israel e de sua grande tradição de alianças e promessas, que tinha gerado Jesus. E a Maria-discípula, redimida como figura de Israel novo, da Igreja a ser resgatada e reunida de todas as partes do mundo. Jesus, o soberano cumpridor da obra, nessa hora solene, entregou a mãe. Aqui, a mãe não é a coadjuvante e a medianeira das núpcias em que foi feito o primeiro sinal de Jesus, mas é a participante da mesma dor e entrega, coadjuvante da redenção, a corredentora. Segundo o evangelista do amor soberano do bom pastor, antes ainda de entregar o Espírito aos seus, ele entrega toda sua ascendência à nova descendência, e a Igreja nascente a recebe em sua casa. E a Madalena se torna, pela cruz e pela ressurreição, a "apóstola dos apóstolos". Assim a invocou a Igreja por séculos. Do seio destas mulheres nascia a Igreja. Nos quadros barrocos da compaixão, com a mãe estão sempre as figuras quase simbióticas de João e de Madalena, formando ambos "o discípulo amado".

As mulheres não se retiraram quando se consumou a morte de Jesus. Ficaram em pé no meio da desolação. Mas dos outros, diz Lucas, houve nova debandada buscando se proteger da má consciência que já interpelava inexorável e irremediavelmente: "Não teríamos matado um justo?". Marcos reúne na morte de Jesus também a morte de Israel, a morte de toda manifestação de Deus, a ausência e a morte de Deus no meio de seu povo: o véu do templo se rasgou nessa hora, e o templo se escancarou vazio de Deus, ausência e ateísmo no coração da religião. Mateus envolveu na morte de Jesus a convulsão apocalíptica do universo: trevas e tremores da terra, morte do cosmos, mundo vazio de Deus, ateísmo infeccionando o universo. Mas também convulsão de parto, ressurreição de mortos, sinal das possibilidades de Deus, antecipação do último ato criador de Deus, início apocalíptico do "Dia do Senhor".

Diante daquele desnudamento abismal, naquela desolação humana irreparável, no estraçalhamento de toda a humanidade, foi da boca de alguém de fora, que não conhecia nada de Israel, um executante da ordem romana, que se repetiram as mesmas palavras que o Pai tinha proferido e afirmado ao Filho no rio e na montanha — o centurião, paradoxalmente, foi quem disse nessa hora de silêncio de Deus: "Este justo é verdadeiramente Filho de Deus!".

A surpreendente confissão do estrangeiro a serviço de Roma está escrita em Marcos. Foi Marcos quem procurou transcrever o cuidado de Jesus calando a boca dos endemoninhados que gritavam declarando que Jesus era o santo e o poderoso de Deus. Marcos, filho espiritual de Pedro, é o mais cruel dos narradores ao transmitir a palavra dura de Jesus ao grande apóstolo, virado "satanás" quando quis convencer Jesus de que seria um salvador sem sofrimentos. Mas, na boca do centurião, a declaração surpreendente se tornava profissão de fé, profissão incontornável que um pagão já podia confessar: este pobre homem crucificado, um verme, nem mais homem, é realmente Filho de Deus! Este é verdadeiramente o Enviado, o Cristo de Deus, o reconciliador do mundo em seu corpo transpassado por todas as dores e pela morte. A "grande inimiga", a morte que separa até de Deus pelo aniquilamento, começava a ser vencida por dentro.

Um sacrifício estava feito, exatamente daquele que lutou contra todo sacrifício. Por isso jazia sacrificado, vítima da missão libertadora de qualquer sacrifício. Que fosse o último, o derradeiro dos que vieram antes e dos que ainda depois viriam. Neste sacrifício se deu a torsão da linha trágica das mortes, o começo de vida para além de todo sacrifício, o ponto final em que converge a história da morte, mas de onde se inaugura a manhã da vida sem morte. Vítima verdadeiramente pascal, que deixa a morte e o inferno vazios, abrindo os ferrolhos e elevando os mortos à vida sem vítimas.

Jesus, o autor da vida, desceu à mansão dos mortos, ao temido "Xeol" dos que morrem, e participou da condição dos mortos, segundo a profissão de fé — "desceu aos infernos" —, mas para alcançar vivos e mortos, próximos e distantes. "Para pregar aos que nunca ouviram antes sua palavra", diz a carta de Pedro, significando na morte de Jesus o abraço profundo e largo, ecumênico e universal, que ninguém de outro modo poderia abraçar. Não há inferno, não há império de morte, não há distância que ele não alcance e não salve. Pode-se descansar: no repouso da morte jaz o senhor da vida.

\*\*\*

As mulheres — a mãe, a Madalena, as outras — não se retiraram. Permaneciam com Jesus na cruz. A hora de começar a Páscoa, a primeira estrela da tarde, era iminente. Nicodemos, o velho doutor da Lei que se tinha tornado discípulo noturno e tinha sido convidado a renascer do alto, veio à luz naquela véspera pascal. Com José de Arimateia, outro sinedrita simpatizante de Jesus, conseguiu de Pilatos o corpo sem vida, sob a condição de uma lançada no coração — de onde jorrou sangue e água, anota atentamente João, pensando ainda no dom de si até o fim e nos que seriam ainda vivificados por este novo e último cordeiro pascal ao qual não se deve quebrar os ossos. Arrumaram às pressas uma sepultura nova emprestada, num jardim próximo ao Calvário. As mulheres observaram bem o lugar, pois só depois da festa da Páscoa poderiam trazer o óleo, última obra de piedade para o corpo sem vida. Elas voltariam trazendo o óleo. Começou a festa da Páscoa. Os cordeiros imolados eram o alimento pascal, símbolo de vida nova.

O amor imolado jazia na terra, na morte. Mas não seria da morte que se alimentaria a vida. A violenta e perversa Eucaristia sacrifical dos que se alimentam da morte dos imolados precisa ainda se converter numa Eucaristia de pura ação de graças pela vida, em que a vida se alimenta diretamente, fontalmente, de vida, sem passar pela imolação e pela morte. Só o Cordeiro "redivivo", fonte da praça apocalíptica da Nova Jerusalém, será fonte de vida sem morte. Mas naquele sábado da Páscoa jazia na morte.

# Manhã do primeiro dia e outras manhãs

Capítulo VI

Quando amanheceu o primeiro dia, após o sábado da Páscoa, Madalena voltou ao jardim do Calvário. Voltaram todas as Marias, trazendo o óleo. Vieram Pedro e João, correndo inquietos. E desde aquele primeiro dia da primeira semana da primavera que se iniciava, os discípulos começaram a se reunir — em Jerusalém, na Galileia —, primeiro às escondidas, timidamente, mas incontidos sob o impacto do que estavam testemunhando, com uma alegria nova, com energias novas, até o dia de Pentecostes. Cinquenta dias após a festa da Páscoa, que era festa de primícia, celebrava-se outra festa, o "quinquagésimo" dia — Pentecostes —, festa de colheita. Na memória e na tradição de Israel, enquanto a Páscoa lembrava a saída libertadora e a passagem pelo mar das canas, Pentecostes era a memória da aliança no monte Sinai com a entrega da Lei a Israel. As duas festas estiveram sempre intimamente unidas.

Na festa de primavera dos egípcios e dos povos vizinhos, quando toda a natureza passava — *Pessáh* — por uma revitalização primaveril cíclica, imolavam-se sacrifícios para garantir o novo vigor de primavera, da plantação e dos animais, e saía-se para as pastagens novas. Nessa ocasião, numa festa de *Pessáh*, os israelitas escravos, liderados por Moisés, saíram do Egito em fuga para a liberdade, num êxodo que criou um novo tipo de *Pessáh*. Era a passagem das fronteiras, marcadas pela perigosa zona do mar das canas, o Mar Vermelho. Tais escravos, em tais riscos e com tal fragilidade, só podiam ter uma força e uma explicação: o seu Deus teve misericórdia de suas penas. Olhou por eles e os libertou. Deus se revelou, assim, na vida dos pobres e na libertação dos escravos. Deus não se mostrava na potência do faraó, e o poderoso não era a melhor imagem de Deus como queria fazer acreditar. Ao contrário, o poder de Deus estava com os esmagados pela prepotência. Porque Deus atuou com misericórdia junto aos humildes, ele revelou que sua compaixão vence a força e a potência sem usar as mesmas armas.

Andaram pelo deserto, ensaiando a liberdade nova, crescendo nela. Depois de cinquenta dias, atingindo as montanhas do sul da península, celebraram uma festa de colheita nova: o pacto com Deus, aliança feita de promessas e mandamentos, verdadeiras núpcias entre Deus e seu novo povo peregrino. Deus se comprometia repetindo a fórmula que o marido costumava declarar à sua mulher: "Eu serei vosso Deus, e vós sereis meu povo". Por isso, em Israel, esta era também uma grande comemoração. Em tendas improvisadas por toda parte, mas sobretudo em Jerusalém, se lembrava da vocação peregrina, da aliança, do nascimento de um povo santificado.

Os profetas, sobretudo Jeremias, que assistiu ao grande desastre de Jerusalém e de todo Israel na pior deportação em massa para o exílio da Babilônia, tinham prometido nova Páscoa — novo êxodo para a liberdade e para a terra do futuro. E tinham prometido, por parte de Deus, novas núpcias, nova aliança e nova

Lei, com uma fidelidade popular que seria inquebrantável, pois a Lei não seria mais escrita em pedra, mas no corpo, no coração, na carne. Núpcias com derramamento do Espírito sobre todo homem e mulher, sobre velhos e crianças, até sobre estrangeiros, sobre toda carne. E a carne, tão perecível, viveria do Espírito para sempre. O Espírito iria substituir plenamente a Lei e o sacrifício.

Nesse ano, no dia de Pentecostes, o grupo de Jesus — os doze, as mulheres e outros discípulos — estava reunido com a mãe de Jesus, na mesma sala da ceia em que ele tinha celebrado antecipadamente a Páscoa e tinha conferido à comida da Páscoa a condição nova de seu corpo para estar sempre presente. Estavam juntos, em oração e mesa, como era hábito de Maria e como Jesus e ela tinham habituado os discípulos. Lucas, que é o principal informante destes fatos, nos Atos dos Apóstolos, é o mesmo evangelista que detalhou a descida do Espírito sobre Maria na origem terrena do Filho de Deus. Detalhou também a oração de Jesus quando o Espírito desceu sobre ele no Jordão com a revelação do amor especial e da missão que o Pai confiava a Jesus. No Espírito Santo — diz Lucas — Jesus exultou ao ver os sinais do Reino de Deus se acercando dos pequeninos, ainda nas contradições dolorosas deste mundo. Lucas também nos descreve detalhadamente, e com muitos símbolos, aquele dia de Pentecostes.

Então, diz Lucas, o Espírito Santo prometido por Jesus desceu sobre eles, sobre aquela primeira comunidade cristã com Maria. O Espírito, que é luz fulgurante dos espaços da criação, que é água fecunda e regeneradora de toda vida, que é vento impetuoso de transformação, que é sopro e respiro da alma, que é brisa suave de fina inspiração, que é perfume de presença invisível e terna de

Deus, que é nuvem maternal a se inclinar sobre a humildade das criaturas, que é a pomba amorosa e fiel do aconchego de Deus a dilatar a alma e o corpo em generosidade compassiva, o mesmo Espírito Santo de Deus criador, tomou-os naquele dia como um fogo incandescente que ardeu nos corações, infundindo energia irrefreável e capacidade para a missão. Tal como no Jordão, a eles cabia agora a missão de Jesus. Iluminou, por isso, suas inteligências, soltou suas línguas, aqueceu-lhes o peito.

Pedro — o mesmo que Jesus olhou e amou dando-lhe o nome de "pedra", o mesmo que Jesus fulminou com a palavra "satanás" desmascarando seus desejos de potência, o mesmo que prometia tudo a Jesus, mas o que traiu e se acovardou, o Pedro por quem Jesus rezava e em quem Jesus reconhecia tanta afeição, a quem Jesus pediu que fosse forte e confirmasse os outros na fé, a quem Jesus fez confessar três vezes que realmente o amava para curar a tríplice negação e a quem, no entanto, Jesus continuava a dar a autoridade das "chaves" para administrar como bom pastor o seu novo rebanho, Pedro que viu Jesus no fulgor do monte e no abismo do jardim da agonia, que correu na primeira manhã para o túmulo — esse Pedro abriu de repente, sem mais temor nenhum, as portas do lugar. E abriu a boca publicamente, diante da multidão vinda de todas as partes a Jerusalém para a festa de Pentecostes: "Ouve, Israel: Jesus ressuscitou! Deus, o nosso Deus, o Deus de Abraão e de nossos pais, o Deus que libertou os oprimidos do Egito por mão de Moisés e fez aliança com nossos antepassados errantes pelo deserto, que suscitou Elias e inspirou Davi, agora cumpriu as Escrituras e glorificou em sua luz este Jesus que foi julgado e executado como malfeitor! Jesus esteve entre nós com a potência do Espírito Santo, passou a vida fazendo o bem, e se entregou a nós. Todos concordamos com sua morte. Todos o crucificamos! Todos, menos Deus! Porque Deus ressuscitou Jesus! Como nossa primícia, o primeiro fruto da Páscoa, da única primavera que não vai mais conhecer morte! Ele é o princípio da ressurreição dos mortos, nele começamos uma vida nova, perdoada, regenerada, dignificada! Ele está vivo e exaltado junto do Pai nos céus! Como seu administrador plenipotenciário, o Pai o fez sentar-se à sua direita! Ele é o nome e a figura de nossa salvação. Ele intercede por nós e nos envia o mesmo Espírito Santo! Nós participamos desde agora do seu Espírito e da sua vida nova e definitiva!", Pedro falava com calor, sem pausas, num entusiasmo que nem ele conhecia antes.

A primeira reação da multidão que acorreu ao discurso inflamado foi muito controvertida: "Está embriagado?!". Mas não podia deixar de admirar tal força de convicção. Pedro voltou à carga: "Não estamos embriagados por espírito de algum álcool, como pensam alguns, mas repletos do Espírito de Jesus. Ele derramou sobre nós o Espírito de Deus, ele que está junto do Pai".

Nem mesmo Jesus tinha falado tão publicamente, para tantos, vindos de tantas partes do mundo, e de modo tão solene. Jesus, de fato, não se tinha dirigido a outros povos com suas outras línguas e culturas. Apenas acidentalmente, no meio da crise da Galileia, tinha se encontrado com estrangeiros e tinha rompido as resistências de sua cultura de judeu para acolher as súplicas e o desejo de uma mulher cananeia. Mas Pedro agia sob uma nova condição: Jesus enviava o Espírito Santo de Deus para que se cumprisse toda promessa, pois sobre toda carne humana, sobre toda criatura, em toda criação, se estenderia o Reino de Deus. Desde Jerusalém — assim dizia Isaías, no capítulo 62 — o universo inteiro iria ouvir a palavra e iria ver a luz da salvação. Agora estava aí, e brilhava.

A primeira palavra do Espírito Santo na boca de Pedro e dos apóstolos era o testemunho da vida nova de Jesus, que se chamou "ressurreição". "Deus o ressuscitou!": a luz da Páscoa nova, a de Jesus, começava a fulgurar publicamente para abraçar todo o universo. A linguagem do Espírito, o culto e o louvor em Espírito, a transfiguração de todo corpo no Espírito não teriam mais limites. Era no Espírito que todos entendiam em suas línguas o que Pedro e os outros discípulos proclamavam. Mas o epicentro firme da palavra, do brilho, do júbilo, era o refrão, a boa notícia: "Jesus ressuscitou!". O Pai estava do seu lado, viu suas lágrimas, atendeu sua súplica, fez a verdadeira justiça. Mais uma vez não só o Filho obedeceu ao Pai, mas o Pai obedeceu paternalmente, atendeu suas lágrimas e seu grito, veio em seu socorro. Não o abandonou à corrupção aniquiladora da morte, mas lhe deu o Espírito vivificante, fonte de vida nova, energia de ressurreição, potência capaz de ressuscitar os mortos e de transfigurar em glória a miséria da criatura.

***

A ressurreição de Jesus, sua verdadeira justificação e sua exaltação depois da derrota nos tribunais humanos, sua nova vocação e missão — antecipação e figura de nossa glória futura —, foi também o protesto de Deus, a ironia de Deus, o sorriso de Deus que vence sem produzir vencidos. Protesto potente, prático e eficaz: Deus agiu, Deus age, dá vida aos mortos. Ironia suave, paternal: Deus revelou que seu amor, fiel a toda prova, vence a morte e todas as conspirações e violências de morte sem usar a força da violência e sem produzir morte. Sorriso materno: acalma e acolhe as vítimas, sossegando-as em seu seio, iluminando com bom humor o novo e amplo espaço vital da liberdade sem medo, espaço para dançar e cantar e até brincar com a seriedade da morte. Tanto que Paulo mesmo termina o capítulo 15 da Primeira Carta aos Coríntios — todo dedicado ao anúncio da ressurreição — com uma graça: "Onde estão, ó morte, as tuas correntes? Onde está teu espinho de aço na carne? Jesus ressuscitou, Deus te venceu!". Ou como comentava o menino no desenho que a professora pediu para ilustrar a Páscoa, escrevendo sob a figura de Jesus se elevando da sepultura e sorrindo para os soldados espantados que montavam guarda: "Quem ri por último, ri melhor!".

Pedro e os discípulos e discípulas de Jesus foram infatigáveis naquela manhã e nos dias seguintes. Falaram com ardor e com capacidade admirável de se fazerem entender por tantas línguas e culturas, por sensibilidades e expressões tão diferentes. O Espírito Santo de Deus infundia neles os carismas e o entusiasmo adequados à missão e à reunião de tantas diferenças em uma nova comunidade. Começava a aventura da Igreja, esta nova criação do Espírito, este corpo alargado de Jesus, este novo Povo de Deus, em novo êxodo, em nova peregrinação, em nova aliança, entre pecado e conversão, entre política e santidade, entre contradições e esperanças.

Pentecostes se repetia, o Espírito expandia e fazia ressoar a boa notícia de Jesus. No templo, na casa do pagão Cornélio, em grupos de estrangeiros, no caminho para a Etiópia, em quem viesse aos apóstolos e recebesse a imposição das mãos e a oração da comunidade. Os apóstolos curavam em nome do mesmo Jesus, faziam os mesmos sinais e tornavam vivo o mesmo ensinamento, com a mesma liberdade do mestre. O Espírito Santo abria caminho com uma liberdade desconhecida, para além de toda lei, rompendo tradições esclerosadas, unindo os que andavam separados, reanimando os pobres, regenerando os mortos em suas almas. E à primavera da Galileia se sucedeu uma primavera sem limites de espaços, de culturas ou de tempo. Lucas repete, como refrão para cada episódio, que a alegria ia tomando conta.

Algo tão público não podia ficar despercebido pelos chefes judeus e pelos romanos. No início, interrogaram Pedro e os principais, e mais uma vez proibiram, perseguiram, aprisionaram. Mas ninguém mais detinha o Espírito nem o testemunho: a palavra da verdade não se deixava acorrentar. O diácono Estêvão, servidor dos pobres e anunciador da novidade da ressurreição, foi considerado blasfemo e foi lapidado. Morreu com os mesmos sentimentos de Jesus e se tornou, desde cedo, modelo de imitação de Jesus na morte. Tiago, parente de Jesus e um dos três que o viram no monte da confirmação e no jardim da tentação, que agora era a alma da comunidade de Jerusalém, foi aprisionado e morto por mais um Herodes. Isso agradou os chefes judeus, e novamente os interesses ficaram acima das rivalidades: o novo Herodes prendeu Pedro. Mas a Pedro o Espírito Santo reservava missão que iria longe, até Roma, a cabeça do império. No silêncio da noite, alguém — um anjo, arranjador da ordem de Deus — abriu-lhe a porta da cadeia. Pedro partiu, de Jerusalém até Roma. Assim conta a tradição: em Roma, no coração do império, deu seu testemunho com a palavra e com a vida, totalmente conformado à missão e à morte do seu querido mestre. Mas havia outros: João, Filipe, as mulheres. E Barnabé, o homem sábio e rico que colocou tudo, os seus bens e a si mesmo, à disposição da causa de Jesus, do Reino de Deus.

Saulo, o impetuoso fariseu, perseguidor das primeiras comunidades por causa do zelo pela Lei, se viu transformado em "Paulus", o "pequeno", ou melhor, como ele mesmo se chamou, o "abortivo", convertido em uma "queda ao chão" no caminho de sua furiosa viagem para Damasco. Foi transformado em apóstolo da graça e da liberdade do Espírito, missionário gigante e fundador de comunidades cristãs por todo o império. Apóstolo incansável e destemível, cruzou o Mediterrâneo em todas as direções para levar a palavra de vida e reunir comunidades de um reino novo. Contava sempre sua própria aventura: o Senhor mesmo o abateu no caminho de seu ardor contra os cristãos e tomou seu zelo para o Evangelho. Ele tinha sido um "acusador" — satanás e anticristo — na convicção de que a morte de Estêvão e dos cristãos era agradável a Deus. Transformou-se em "defensor" e testemunha da nova vida. Paulo repetia: "Eu só sei que ele me amou e se entregou por mim". Resumia assim seu Evangelho: "Jesus, que foi crucificado e vive na potência do Espírito, começo do Reino de Deus".

As comunidades surgiam mais do que cogumelos depois da chuva. E vinham para ficar. Nelas havia novos evangelizadores e novos apóstolos, novos profetas e místicos, judeus ou pagãos, homens ou mulheres, livres ou escravos, cidadãos do império ou estrangeiros. Todos formavam no Espírito de Jesus um só coração e uma só alma.

Tinham também conflitos. Em Jerusalém, os novos cristãos, vindos de fora, se queixaram de discriminação na comunidade, sobretudo em relação aos seus pobres e viúvas. Ananias e Safira tentaram mentir para esconder seus bens e aparecer como generosos. E até Pedro foi censurado por Paulo quando quis preservar sua imagem comendo só com os circuncidados. Mas os apóstolos se corrigiam valentemente e ajudavam a comunidade no caminho da conversão. Constituíam diáconos, bispos e presbíteros para que orientassem e animassem a vida das comunidades. Entregavam-se à oração na espontaneidade e no júbilo. Acolhiam-se e partilhavam necessidades e bens. Paulo, em suas viagens missionárias, fez uma grande coleta de auxílios entre os gregos para levar à comunidade de Jerusalém em sua pobreza. Dizia que assim retribuíam aos judeus o dom precioso de Jesus Cristo.

Começaram a se alastrar as perseguições. Todavia, eles se tornavam mais fortes na morte. A morte dos mártires se tornava semente de novos cristãos. O Espírito Santo prometido por Jesus estava com eles nas tribulações como novo consolador e confortador, tal como tinha sido Jesus. O Espírito é o "outro paráclito". E assim continuava irresistivelmente com a paciência e a compaixão de Deus, a história de Jesus. Foi-se o templo, caiu o império, permaneceu Jesus. Mas como tudo recomeçou?

*∗∗*

Como tudo recomeçou? O que aconteceu naquela primeira manhã, no segredo daquela noite, no dia da Páscoa, após a morte de Jesus? A novidade era estupenda, passava-se a notícia com júbilo e celebração: "Jesus ressuscitou, ele é o Cristo!". Só com um pouco mais de tempo, com a serenidade que segue a exultação, veio a pergunta pelo detalhe: como tudo recomeçou?

A origem primeira da vida é um segredo do coração de Deus. A origem violenta da morte é uma revelação do coração humano. Assim está escrito sobre a criação do mundo, nas primeiras páginas do Gênesis. E assim se podia verificar em Jesus: quem passasse por perto do muro de Jerusalém, naquela tarde de preparação de Páscoa, podia verificar friamente a morte de Jesus, o nazareno, sob a tabuleta com a sentença de sedição escrita: "rei dos judeus". Era um fato histórico, público, possível de ser constatado por qualquer cidadão de Jerusalém. O que ainda não se sabia é que, no mais profundo daquele fato brutal e banal da história humana, demasiado humana, história de potência e violência, de soberba e cumplicidade, de imolação de vítimas inocentes e dor de morte, o coração de Deus estava doendo e morrendo: a história humana atingiu Deus! No entanto Deus, oceano eterno de compaixão e amante da vida, não devolveu o mal com o mal, não bradou vingança com a cólera do seu amor ferido, não destruiu o mundo que ele criou e amou, ainda que este mundo tenha se tornado um redemoinho de ódio mortal. A piedade, uma das propriedades do Espírito Santo, converteu o mal em expiação divina, em perdão capaz de transfiguração do mal em bem, do pecado em graça, da violência em amor, do sofrimento em liberdade e da morte em vida. A ressurreição de Jesus foi a maior obra de Deus, o ato supremo da criação. Ninguém viu a ressurreição: é um segredo do coração de Deus. Todavia atingiu a história humana, e de modo cada vez mais largo, em círculos cada vez maiores.

Sem violência e sem vencidos, o modo de agir ressuscitador de Deus se dá no silêncio, no segredo e na intimidade de seu seio criador e regenerador. E só se manifesta através da humildade e da fragilidade das testemunhas, da ambiguidade de sua pobre condição no mundo, da fineza de sua palavra e de seus atos pelo Reino de Deus. Nenhuma imposição de evidência, nada de espetacular, sem gritaria, como na Galileia. Por isso os pacíficos e os suaves, os desarmados e os humildes reconhecem e acolhem as sementes de ressurreição. Este é o desígnio não violento da vitória de Deus. Se o mal que nasceu no mundo atingiu o mistério de Deus, o bem que habita o mistério de Deus atingiria e redimiria o mundo desde a manhã em que se mostrou a ressurreição.

*\*\**

Naquela primeira manhã, seguindo o relato de João, tudo começou de novo com Maria, a Madalena, a "outra" Maria, que estava com a mãe de Jesus junto à cruz da morte. Ela foi bem cedo ao sepulcro, quando ainda não se levantara o sol de primavera. Não encontrou o corpo de Jesus, viu o túmulo vazio e foi logo dizer o fato aos outros discípulos. Em seguida voltou ao jardim. Começou a chorar por Jesus, lágrimas de luto agravadas por mais este fato: onde teriam colocado seu corpo desaparecido? No lusco-fusco do amanhecer, Maria não via ainda com clareza o coração e a obra de Deus. Mas viu alguém de pé que a olhava. Pensou que fosse um trabalhador do lugar, um jardineiro. Ele, olhando-a, chamou por seu nome: "Maria!". Ela então abriu os olhos e reconheceu quem a olhava e a conhecia e a chamava de novo, a ela, a discípula. Com reconhecimento imediato, a discípula confessou cheia de estupor: "Mestre!". E o Mestre, naquela relação pessoal, viva e íntima, constituiu a mulher, antes desumanizada, mas depois redimida e libertada, em "apóstola dos apóstolos". Enviou-a para dar a eles, em primeiro lugar, a boa notícia: "Jesus está vivo!".

Naquela primeira manhã, dizem Marcos e Mateus, vieram as mulheres, preocupadas com a pedra enorme que fechava a tumba. Quem a afastaria para que elas cumprissem seu ato de piedade, a unção de óleo no corpo morto? Ficaram estupefatas ao ver aquele peso removido, e mais estupefatas ao encontrar o sepulcro vazio. E ainda mais, ao escutar a notícia — um jovem, um anjo, de novo, desses que Deus manda cruzar os caminhos humanos com as novidades criadoras de Deus — "Ele não está aqui, ressuscitou!".

Há uma insistência evangelizadora sobre o sepulcro vazio. Repete-se diante das diversas testemunhas a mesma cena, a mesma declaração: o sepulcro está vazio. Há um corte, uma revolução, um fim com a antiga e sacra tradição religiosa de venerar o sepulcro como última condição do morto. A vida não virá nem da morte nem da sepultura. O sepulcro vazio, o anjo com ironia bem-humorada, a afirmação decidida — "Ele não está aqui" — terminam uma época para dar espaço a outra. A sepultura nao é o lugar para se estar nem o lugar para se lembrar do que foi morto. Não se fará mausoléu para encerrar e homenagear o morto. Vazia está a sepultura, porque Deus não aceitou a morte do seu amado. A morte não agradou a Deus, e aquele que deu sua vida foi recebido em vida para se tornar fonte de vida. Deus rompeu com a morte, esvaziou a morte. Por isso o sepulcro vazio é um testemunho ainda negativo, mas necessário. "Ele está vivo — é isso que vocês irão anunciar aos discípulos. Ele vai à frente, vai precedendo na Galileia, e lá, onde tudo começou, irão vê-lo. Lá vão recomeçar e vão dilatar até os confins da terra o Evangelho do Reino de Deus. Com a mesma humildade do começo, com a mesma humanidade e com o mesmo poder de irradiação, até abraçar cordialmente o universo."

As mulheres voltaram tão apressadas como vieram, entre o pasmo e a alegria. Então Jesus em pessoa — comenta só Mateus — atalhou o caminho delas, e aquelas que estiveram compassivas no caminho da crucificação, que carregavam o óleo da piedade, agora viam seu caminho se transfigurar em exultação, em óleo de festa. Marcos termina, estranhamente, o texto original de seu Evangelho aqui, dizendo como nota especial aos seus leitores ameaçados de perseguição que as mulheres não falaram publicamente, nem aos discípulos. Por quê? Num mundo em que vence o ódio e a perseguição, onde parece triunfar a morte e a sepultura, esta fina notícia perseveraria escondida entre os que são entregues à morte. Às vezes a dor é tão forte que o medo parece fazer soçobrar toda fé. Mas por baixo do tapete da festa macabra da morte há outra festa, vigorosa e imorredoura, a alegria dos que têm o mesmo destino de Jesus e sabem que a vida triunfará sobre a morte, a verdade sobre a injustiça, a ressurreição sobre o sepulcro. Já podem cantar no meio das tribulações.

Maria Madalena, enquanto isso, cumpria sua missão. Foi de sua boca que o nosso primeiro Papa ouviu a primeira parte da notícia — o túmulo vazio — e se pôs em disparada à sepultura, acompanhado por João, o discípulo que conta o caso com certo humor: João, o discípulo do amor, foi mais ligeiro. Viu, mas respeitou a precedência de Pedro para entrar e verificar oficialmente o que Madalena tinha dito. Viram, creram sem compreender bem, e tão surpresos como vieram também voltaram. A sepultura vazia testemunhava algo muito importante: terminava o culto ao reino da morte. No entanto, não trazia por si mesma o morto à vida. Foi a visão viva de Jesus que inaugurou o novo caminho da vida.

Lucas, o narrador famoso por seus paralelismos e inversões — como os anúncios, os nascimentos e os crescimentos de João Batista e de Jesus, ou as inversões entre fariseu e publicano, entre o rico e o pobre Lázaro, Simão fariseu e a mulher de má fama —, pintou dois quadros paralelos, um no caminho de Emaús e outro em Jerusalém. Entre outras coisas, Lucas amava muito Jerusalém. Como Isaías, conservou as lembranças em torno de Jerusalém. Nela culminou a missão e a vida terrena de Jesus, dela tudo recomeçaria mundo afora.

No quadro do caminho, afastavam-se da Cidade Santa dois discípulos decepcionados. Afastavam-se de tudo, dos sonhos e dos sofrimentos. Iam para lugar nenhum, apenas se afastavam. Mas foram visitados discretamente por outro caminhante, assim como foi Madalena pelo jardineiro, sem reconhecer ainda quem caminhava junto com eles, tão absorvidos estavam em sua tristeza, em suas ruminações e razões pelas quais sofriam. Eles aproveitaram para desabafar com o companheiro desconhecido e elogiaram Jesus ao próprio Jesus: "Era cheio do Espírito, ensinava e curava". Falaram também da cruz de Jesus a Jesus: "Foi entregue à morte na capital, por mãos das autoridades". Falaram de sua decepção: "Esperávamos que ele inaugurasse o Reino de Deus". Traíram sua própria fraqueza ao falar das mulheres: "É verdade que algumas do grupo andaram dizendo coisas — visão de anjos, que ele está vivo. O sepulcro está vazio, mas a ele mesmo ninguém viu. Já é tarde, tudo está perdido". Com que misto de carinho e impaciência o companheiro lhes puxou as orelhas, é difícil imaginar. "Cabeças-duras, vamos examinar as Escrituras: o enviado de um Deus compassivo não iria sofrer? Não iria suportar com coração solidário todas as dores e mortes das suas criaturas? Poderia triunfar sem piedade? Num mundo de violências, não teria de passar por dentro delas? Não está escrito que o Servo de Deus iria carregar as enfermidades, mas seria glorificado para a alegria dos que colocam nele a sua esperança?".

Andando, foram repassando as lições da Escritura, dos profetas, dos mártires e foram comparando os fatos e as feridas ainda vivas com as Escrituras. Foram aquecendo os corações, sentindo uma luz. Chegaram a Emaús, no entroncamento que abre para a via do Mar e se perde nos horizontes do norte e do sul. Ali quiseram que o peregrino entrasse e ficasse com eles aquela noite, insistiram que fosse seu hóspede. "Já é tarde, permanece conosco!". Ele aceitou — não recusava nunca — a hospitalidade e a amizade. Sentou à mesa com eles, como fizera tantas vezes, abençoou e partiu o pão, como eles tinham visto fazer tantas vezes. E, como Madalena ao ouvir o próprio nome, abriram-se finalmente seus olhos: palavra e pão partido, hábitos do mestre, é Jesus vivo!

Correram de volta ao lugar dos sonhos e do fracasso, aos discípulos restantes que estavam reunidos no mesmo cenáculo

Manhã do primeiro dia e outras manhãs 197

de Jerusalém: "Vimos Jesus!". Embora Marcos, também nesse ponto, continue dizendo que os discípulos não acreditaram nem nas mulheres nem nesses companheiros, Lucas, mais suave e condescendente, afirma que os discípulos já tinham o testemunho de Pedro para juntar à alegre novidade dos dois vindos de Emaús: "Ele está vivo, de verdade, e apareceu a Simão".

***

Paulo, mais tarde, iria sublinhar o primeiro testemunho de Pedro, embora nenhum narrador conte em detalhe como foi. Pedro já era o primeiro dos apóstolos. E Paulo sabia, até por sua própria experiência, que o encontro com a presença luminosa e transfigurada de Jesus ressuscitado era o novo e definitivo ponto de partida para anunciar com autoridade o Evangelho do Reino de Deus, transformado agora no próprio Jesus vivo. Jesus pregou o Reino, e eles pregariam Jesus como personificação e irradiação viva do Reino. Por isso, na primeira carta à comunidade de Corinto, Paulo foi passando atentamente os nomes das testemunhas a quem Deus deu a conhecer o Filho glorificado. Primeiro a Pedro! Depois aos doze que representavam as colunas e cabeças do novo Israel, a Igreja de Jesus. E depois a mais de quinhentos, à comunidade-mãe de Jerusalém, e ao seu líder, Tiago. Depois a todos os que foram constituídos apóstolos da primeira hora, pois sem este testemunho não teriam autoridade de apóstolos. E Paulo, que também se sentia investido dessa autoridade, se autolegitimou porque também foi agraciado com tal experiência, a visão de Cristo vivo: "E finalmente apareceu a mim, o abortivo, no caminho de Damasco, e por isso sou apóstolo como os outros, e até mais". Mas começou a lista respeitosamente com Pedro, assim como no primeiro concílio, em Jerusalém, sua causa seria defendida pela iniciativa de Pedro. Onde ficaram as mulheres da manhã da ressurreição?

Paulo não mencionava, ainda, numa cultura em que a mulher não valia juridicamente como testemunha, aquelas que foram testemunhas de primeiríssima hora, Madalena e as outras mulheres que levaram aos homens intimidados a boa notícia. Embora as atitudes de Paulo tenham ido além dessa resistência ao testemunho das mulheres, quando as nomeava em suas cartas, com simpatia e afeto, como senhoras que recebiam as comunidades em suas casas, e as saudava com o reconhecimento e a estima do companheirismo na obra da evangelização, ou quando lembrava aos coríntios que já não há distinção de homens e mulheres na nova comunidade. Todavia, foram os evangelistas, alguns anos depois, a começar por Marcos, o secretário do sincero Pedro, nas narrativas que juntaram e ficaram, a contar com uma mistura de humor e censura: "Ela" — Madalena — "foi dar a notícia a eles, que estavam aflitos e chorosos, e não quiseram acreditar". E Jesus mesmo iria censurá-los por isso.

Vieram as mulheres, vieram os discípulos do caminho, tentaram demover os demais de sua incredulidade diante de tão incrível notícia. Retornaram ao cenáculo, o mesmo lugar onde tudo recomeçaria, comunidade que iria substituir o templo, que seria o centro da nova Jerusalém, não mais lugar de sacrifícios, mas de ceia em amizade e partilha, memória e louvor em pura Eucaristia. E então, naquela sala e lar da comunidade, Jesus apareceu no meio dos discípulos. Rostos iluminados, olhos radiantes,

Manhã do primeiro dia e outras manhãs 199

o silêncio explodindo de alegria? Podemos só de longe imaginar. Com Jesus veio a paz, a energia do Espírito, e a fé ganhou alicerces.

Jesus não era um fantasma, um puro espírito: novamente partilhou a mesa, comeu com eles. Não é possível entender a espiritualidade cristã sem esta materialidade do alimento repartido, do corpo em festa e da relação intensa. Também não era uma reencarnação, um corpo necessitado de comida, de volta às fadigas desta existência terrena. Se ele comia, era para partilhar com eles uma comunhão que passava pelo corpo, e era a comunhão, não tanto as calorias da comida, o que importava. Assumia o alimento, o abraço, a comunidade, em sua glória de corpo transfigurado espiritualmente, que já não se corrompia nem se limitava por mais nada. Desta forma ele transfigurava o que tocava e começava sua nova missão, a de glorificar o mundo.

Mas Jesus, com a delicadeza do mestre que pedagogicamente vai deixando espaço para o discípulo, foi se ausentando fisicamente. Lucas e Mateus nos dizem que esta foi sua subida aos céus sobre o monte, mas a respeito disso há mais depois. Para João, o cenáculo da última ceia, lugar da intimidade de Deus, onde os discípulos foram chamados de amigos e Jesus lhes deixou o exemplo e o mandamento do amor lavando-lhes os pés, é o mesmo cenáculo de Jesus glorioso e do Espírito Santo. Se ficarmos com João, a presença gloriosa de Jesus é ao mesmo tempo presença poderosa do Espírito Santo. Cristo ressuscitado transmite, desde o primeiro instante, o Espírito pentecostal, soprando sobre os discípulos como Deus ao criar o homem e a mulher. A nova criação de Jesus e do Espírito se apresenta com um teste decisivo, o exercício do carisma do perdão como sinal de regeneração e elevação ao Reino de Deus. A comunidade toda ganha assim, pelo sopro do Espírito, o poder das chaves do Reino. Não só Pedro, mas todos poderão administrar a vida nova.

João poderia ter terminado neste ponto o seu relato, mas insiste nas dificuldades de alguns discípulos em acreditar em tanta maravilha. Não seria sonho ou fantasia brotada de desejos frustrados? Tomé é o exemplo dos durões, dos que precisam ver. E tinha suas razões: o próprio Jesus, bem no começo, segundo o próprio João, tinha chamado os dois primeiros para ver a sua morada. Jesus fez muitos sinais para verem a obra de Deus. Por que não faria um sinal bem claro para o desejoso Tomé, que estava fora da comunidade? Jesus tinha, porém, elogiado o romano que acreditou na palavra e na promessa de Jesus sem ver ainda a cura de seu servo. O romano — como o outro, o da cruz, ou como os sábios do Oriente, ou como o samaritano, os de fora — acreditou sem ver, o mais alto grau da fé. E, no entanto, Jesus, com bom humor, concedeu a Tomé não só ver, mas tocar, apalpar, saciar seu desejo. Tomé, finalmente, confessou sua fé em Jesus. Mas "ver" é apenas o início, o grau menos denso da fé. A mais pura fé é "crer sem ver", embora seja próprio da fé querer ver e buscar a visão de quem se ama ainda sem ver. Na verdade, a fé inverte a ordem: não tanto ver para crer, mas crer para ver! Um dia, afinal, veremos a glória, a "visão beatífica", a visão face a face de Deus e da comunhão celeste com todas as criaturas, quando não precisaremos mais da fé peregrina. A "visão beatífica" é outro nome do "céu".

João insiste, finalmente, como em um apêndice, na comovente confissão de Pedro diante de Jesus. Pedro, que o tinha confessado ainda sem a pureza e a provação da cruz, na Galileia, que o tinha negado e renegado três vezes — de modo completo e superlativo —, finalmente via Jesus a olhá-lo como a primeira vez junto ao lago, com os mesmos olhos de eleição. E confessou três vezes à interrogação de Jesus: que amava verdadeiramente Jesus. "Tu sabes tudo, Senhor, tu sabes que eu te amo!", E Jesus confiou os outros a Pedro: "Apascenta as minhas ovelhas".

\*\*\*

Mateus, Lucas, Marcos, que já tinham falado de Jesus e Pedro nas terras de Cesareia, registraram a missão dos discípulos diante do vasto mundo que eles teriam pela frente: "Vão pelo mundo inteiro a evangelizar, eu estarei com vocês". Desde o profeta Isaías se esperava um sinal de Deus próximo do povo, o "Emanuel". Mateus abriu e terminou suas memórias dizendo exatamente isto: Jesus é o Emanuel, é Deus próximo do seu povo. E permaneceria próximo dos discípulos no mundo inteiro para que eles também fossem "Emanuel". Asseguraria o Espírito Santo, o paráclito, o confortador, para que a Igreja nascente também fosse paráclito no mundo. Que a missão pudesse se transformar num imperialismo, era risco e tentação da condição humana dos discípulos, mas na mente de Jesus, no desígnio do Evangelho, devia ser um serviço à esperança dos povos e uma continuação da presença do mestre, assim como até aqui se contou.

Foi assim que tudo recomeçou. Assim Jesus marcou com memória inapagável aquela Páscoa e aqueles primeiros dias grávidos de uma nova história. Ele tinha passado da morte para a vida, rompendo a pulsão da morte que jaz dentro da vida mortal. Sem a ressurreição de Jesus, seria vazia a fé cristã, uma grande mentira, um desejo vazio. Mas a ressurreição de Jesus indicava o começo de um mundo novo. Os discípulos sabiam que estavam diante da própria "prefiguração da glória futura". Pregaram convictos, desde a sua experiência: o Espírito que transfigurou Jesus começa desde já a transfigurar nossos corpos mortais, semeados na corruptibilidade, mas colhidos na luz incorruptível de corpos "espiritualizados" pelo Espírito. Deus ama as suas criaturas corporais, envia o Espírito para que sejam carne vivente, corpos de vida. E na ressureição o Espírito não separa a alma do corpo, mas glorifica o corpo separando-o da corrupção. Por ora, somos sementes do corpo que ainda não deitou à terra nem morreu para dar fruto, ainda não chegou a desabrochar de todo. Ainda não somos o corpo que seremos, que o Espírito do Senhor glorificado vai fazendo crescer dentro de nós.

Não há nas ciências humanas, na física ou na lógica, explicação para a ressureição dos corpos ou para a glorificação do universo em Novos Céus e Nova Terra, como proclama a esperança cristã. Como nenhuma ciência pode avançar para antes da criação inicial, também não pode pretender alcançar a glorificação da criação final. As ciências constatam o nascimento a partir de fora e a morte a partir de cá. É a fé na Palavra e na potência criadora de Deus que confessa uma destinação que supera a morte. Mas a fidelidade do amor até a morte, capaz de superar os absurdos da existência perdida, é sinal e certeza da fé que vence a morte. Há sinais de vida mais forte do que a morte, como é o amor que dá a vida.

Lucas é autor de uma grande narrativa em dois tempos: a vida de Jesus na força do Espírito, e depois a vida do Espírito nas comunidades que seguiam Jesus. Mais tarde a dupla narrativa de

Lucas se desdobrou em dois livros, o Evangelho e os Atos dos Apóstolos. A passagem de um para o outro se dá entre a Páscoa e a Ascensão, no final do primeiro, e Ascensão e Pentecostes no começo do segundo. Há uma "novena" de passagem que segue a ascensão e serve de preparação para a inauguração de Pentecostes. Este é o quadro cronológico-simbólico de Lucas.

Entre a Páscoa da ressurreição e a Ascensão, Lucas fez as contas de quarenta dias, tempo especial de solidificação do testemunho de Jesus ressuscitado. Quarenta dias, como os quarenta anos de peregrinação e de aliança para Israel, como os quarenta dias da transformação de Elias, ou os três vezes quarenta anos das três etapas da vida de Moisés, primeiro entre os egípcios, depois na solidão e finalmente na chefia da libertação. Quarenta anos constituem o período de uma vida, de uma geração. Quarenta dias é o tempo de uma completa transformação. Quarenta dias passou Jesus no deserto. Outros quarenta dias se revelou glorioso aos discípulos e consolidou o testemunho da Igreja nascente.

Depois, "Jesus foi elevado, até que uma nuvem o encobriu", segundo a pintura narrativa de Lucas. A nuvem do Espírito, a ausência física e a presença no Espírito, esta é a nova condição de Jesus no mundo. Aos discípulos perplexos que sequer puderam tomar o manto de Jesus como fez Eliseu quando viu Elias ser arrebatado em fogo do Espírito, socorreram dois mensageiros — os anjos que servem de moldura e não deixaram nunca de atravessar as pinturas de Lucas — e com suavidade e firmeza fizeram a primeira comunidade voltar o olhar do céu para a terra, para a frente e para a missão que se abria e lhes cabia doravante. Jesus prometeu não só o manto do Espírito, mas que ele mesmo estaria presente nas palavras e na missão dos discípulos "até o dia em que virá na plenitude da glória".

Ausente e presente, elevado e conosco ao mesmo tempo, isso precisa de uma explicação. Lucas sublinha vigorosamente a decisão de Jesus, ainda na crise da Galileia, de subir de face para Jerusalém. Já era hora de subir, de "ser elevado deste mundo", uma ascensão paradoxal, para o Pai e para a cidade do sofrimento. E desde o capítulo 9 até o 19, o relato de Lucas é um caminho de subida entre a Galileia e Jerusalém. Na verdade, desde o seu nascimento, desde a gravidez de Maria, a vida de Jesus foi um caminho, sempre a caminho — "nascido por nós à beira do caminho", exclamava São Francisco de Assis em seu salmo de Natal.

O caminho de Jesus não se interrompeu em Jerusalém. Subiu para o Pai, foi atraído para o Pai, exaltado junto do Pai celestial. Também João faz coro com Lucas. Aí se lê que Jesus disse à apóstola da ressurreição: "Vai dizer aos meus irmãos que subo para meu Pai e vosso Pai, que é meu Deus e vosso Deus". E João guardou a forma mesma do caminho: "Eu sou o caminho".

É curioso examinar a forma exata dos verbos nos textos originais da ascensão, como da ressurreição, da entrega à morte e da missão. Os nossos escritores usam tanto a forma passiva como a forma ativa dos verbos, e não é por falta de rigor. Jesus ia em missão ou era enviado em missão, Jesus foi entregue ou entregou-se, Jesus foi ressuscitado ou ressuscitou, Jesus foi elevado ou se elevou. Mas usa-se mais frequentemente a forma passiva. Isso também merece uma explicação, que precisa dar uma volta por textos mais antigos.

Desde a experiência de libertação da escravidão no Egito, Israel se convenceu de que Deus só se revela indiretamente, nos próprios acontecimentos de salvação e de vida de suas criaturas. Este é o "passivo divino": Deus não faz espetáculo, não se exibe, não olha a própria glória, não é narcisista. Deus é glorificado na vida de suas criaturas e de modo muito especial naquelas que são salvas da morte. "A glória de Deus é a vida do homem", escreveu Santo Irineu, combatendo as especulações gnósticas do segundo século do Cristianismo. Os gnósticos queriam ter revelações puramente espirituais e desprezavam a espessura corporal de que somos feitos. Um contemporâneo de Irineu, Tertuliano, acrescentou diante dos gnósticos: "A carne é o eixo da salvação". Portanto, o corpo é o nosso futuro. Por isso, Dom Oscar Romero, defendendo a vida dos pobres ameaçados pela violência em El Salvador, parodiava Santo Irineu: "A glória de Deus é a vida do pobre". Aí só a lógica da intervenção divina, e não os recursos humanos, explica tanta teimosia de viver. E mais: "O culto a Deus é a comida do pobre", porque só o pobre sabe o quanto é maravilhoso, milagroso, um bom pão. É o pobre quem sabe melhor que o corpo é o lugar da salvação. Na opressão de Israel, pobre e escravo, Deus mostrou sua grandeza através de uma libertação humanamente impossível e inexplicável. Quebrou as cadeias, cuidou do pão. Sua glória brilhou refletida, indiretamente, na vida nova e livre. Porque Deus não é narcisista, não dá espetáculo de si mesmo.

Na vida de Jesus, Deus continua com o mesmo desígnio: o Pai não se mostra em glória própria, não atrai para si, mas mostra a humanidade glorificada, exemplar e vivificante, do Filho. E atrai à figura humana do Filho. Nem o Filho glorificado se permite um espetáculo de divindade, pois é em sua humanidade que os discípulos contemplaram sua glória, humanidade missionária, que revela e antecipa toda a humanidade glorificada. É o Pai que o envia, que o dá ao mundo, que o ressuscita, que o eleva e o exalta. Mas sempre como missão, como vocação, como serviço. Por isso os escritores preferem rigorosamente a formulação passiva do verbo quando se fala do Filho: foi enviado, foi entregue, foi ressuscitado, foi elevado, foi exaltado. Exaltar a si mesmo não seria próprio de Jesus.

O Filho não é um autômato do Pai, sem personalidade própria. Tem consciência e vontade própria, sabe decidir e agir por si mesmo. Foi através desta radical alteridade entre Jesus e o Pai que a tentação penetrou a humanidade de Jesus. Podia Jesus cair na tentação e pecar? Respeitando sua alteridade e sua liberdade, deveríamos responder: "sim". No entanto, sabendo que ele amava integramente o Pai — e quem ama não peca, lembra João — e tudo o que desejava e sabia e queria era fazer a vontade do Pai, Jesus viveu sua liberdade e seus desejos alicerçados incorruptivelmente na obediência ao Pai. E então devemos responder à pergunta: "não". O Filho, uma vez enviado, veio em missão. E uma vez doado ao mundo, entregou a si mesmo. E uma vez recebido o Espírito que é potência de ressurreição, levantou decididamente da morte. Chamado e atraído pelo Pai à sua direita, elevou-se e sentou-se nos céus à direita do Pai. A ruptura da desobediência permanece como uma hipótese vazia e impossível, mas hipótese necessária porque revela decididamente a alteridade e a autonomia absoluta do Filho e do Pai. No entanto, a unidade essencial que faz o Pai e o Filho serem "um" é o amor, como viu João. E o amor, que é também comunhão inquebrantável e obediência expansiva, não tolhe, mas exalta a liberdade e a autonomia de cada um.

A obediência, porém, não está somente nem começa no Filho. O Pai, que ouve e vê suas criaturas, obedece às súplicas e clamores. Disso se sabe somente por causa da ressurreição glorificadora. Deus não poupou o Filho de sua mortalidade. Mas, com a fidelidade de seu próprio sofrimento, veio obediente em socorro do Filho, e assim socorre o clamor e o sofrimento do mundo. Há, portanto, uma obediência paternal, que é, inclusive, anterior à obediência filial. O Pai que atendeu o clamor do Filho, obedeceu ao Filho e o justificou, enviou seu Espírito potente de ressurreição, e então o Filho obedeceu e ressuscitou. Com o seu clamor, o Filho suscitou a obediência do Pai, e com sua potência o Pai suscitou a obediência do Filho. Deus é amor, e onde há amor, a obediência é comunitária, de todas as partes, sem produzir hierarquias. Ao contrário, produz comunhão. "Eu e o Pai somos um."

Falha a linguagem em balbucios para expressar a forma de ser de Jesus, em humanidade corporal glorificada na glória do Pai. Está nos céus — dizemos — na morada celeste de Deus, habitando o universo santificado pela presença espiritual de Deus que, como diz poeticamente o saltério, do céu fez o seu trono. E corporalmente está Jesus "à direita do Pai", diz com expressão jurídica o nosso Lucas. "Sentado à direita" está o primeiro-ministro, o plenipotenciário, o administrador. Cumpre no céu a mesma missão que tinha na terra, este é o sentido.

Jesus, o Filho, está na comunhão eterna da Trindade, diriam os teólogos. Não para a autossatisfação de Deus contente com sua glória. A missão não terminou, nem na terra nem no céu: seu corpo individual está glorioso no céu, junto do Pai, mas seu corpo "místico" — comunitário, público — se estende por todo o universo no seu Espírito, o Espírito Santo do Pai e do Filho que se expande na terra. No céu Jesus continua intercedendo por nós, lembrando e pedindo ao Pai, com seu corpo humano, a nossa prometida humanidade, a glorificação de nossos corpos ainda efêmeros. É nosso intercessor e nossa presença antecipada, nosso irmão primogênito, o irmão maior. Com seu Espírito na terra irradia-se por nossos próprios corpos missionários e comunitários, enfermos e mortais, para nos salvar da morte e nos reunir à mesma glória celeste, ele que não se envergonha de nos chamar de irmãos. Na terra, até um pequeno pedaço de pão tornado Eucaristia é seu corpo que está glorioso no céu. Esta é a amplitude e a inversão que acontece, na segunda narrativa de Lucas, na novena entre a Ascensão de Jesus aos céus e o dia de Pentecostes em que ele, desde o Pai, derrama o Espírito sobre toda carne. Em Nazaré e no Jordão, pelo Espírito Santo o Pai enviou o Filho ao mundo. Em Jerusalém, no dia de Pentecostes, pelo Filho o Pai envia o Espírito ao mundo. Pentecostes do Espírito continua sempre e assegura como certa a conformação do mundo ao Filho.

Então é necessário insistir: o Pai, fonte de toda luz para toda criatura, não se exibe nem quer exibir narcisicamente o seu Filho e o seu Espírito: ambos são enviados de modo humilde e servidor, para humanizar e transfigurar suavemente o universo, para elevar à comunhão todas as criaturas. Jesus está, pois, na terra como no céu, porque o Espírito de Deus, de Jesus com o Pai celeste, foi derramado sobre toda a terra com abundância inesgotável e irrefreável de energia e de dons, até a glorificação da terra como os céus na face de todas as criaturas em sua comunhão feliz e vivificante com Deus.

# Vem, Senhor, estrela da manhã!

Capítulo VII

O último capítulo desta narrativa permanecerá aberto. Por mais longa que seja a história, o principal ainda está por vir. O que lembramos do passado de Jesus só é importante para assentar a fé naquilo que esperamos em nosso futuro: a vinda de Jesus. "Segunda vinda" é um jeito bíblico de falar, que precisa de uma cuidadosa compreensão. Não se trata, antes de tudo, de uma repetição da primeira vinda. Tem algo em comum com a expressão "Filho de...", por exemplo, "Filho de Davi", "Filho do Homem". Não é uma simples continuidade do Pai no filho. A esperança no "Filho de Davi" era uma esperança em quem iria conduzir ao cumprimento, à plenitude, a obra iniciada, mas não terminada, por Davi. O "Filho do Homem" traria a palavra e o juízo derradeiro, escatológico, sobre o mundo. De tal forma que surgiria a verdadeira paz sobre a terra. Enfim, o Filho leva à realização pública e terminada a obra do Pai. Assim também as expectativas pela "segunda vinda" de Elias ou de Moisés: não um filho, mas eles próprios eram sonhados com a efervescência da esperança no pleno cumprimento da profecia e da Lei, plenitudes do Reino de Deus e da aliança nupcial com Deus. Lucas deixa claro que João Batista possuía o espírito de Elias e levava adiante seu zelo profético. E no texto de Marcos é o próprio Jesus quem confirma: Elias está em João batizador. A Maria o anjo anuncia que o filho será um verdadeiro "Filho de Davi", e Jesus justifica a autoridade de seu perdão e de suas regenerações com o título de "Filho do Homem". No entanto, sua obra ainda não se completou, o mundo ainda sofre.

Os seguidores de Jesus sabem que a obra ainda não se completou. Ainda percorrem os caminhos do Espírito e do mundo com o olhar e os ouvidos, com a boca e os pés voltados para o futuro, para a "segunda vinda", ou melhor, para a vinda plenificante de Jesus em todo o universo. Depois de toda a memória, o pensamento e a língua podem confessar na esperança: ele é o Senhor, o Redentor, o Salvador de toda criatura. Ele é o futuro dos cristãos, e os cristãos são homens e mulheres do futuro.

Nos Atos dos Apóstolos, Lucas anota que a nova vida dos discípulos de Jesus, depois de sua Páscoa, era chamada de "Caminho", algo parecido com o "Tao" oriental. Mas Jesus, invocado como "Cristo" — "ungido", portador do Espírito —, é a proposta de caminho, é o caminho em pessoa. Por isso, em Antioquia eles começaram a ser chamados de "cristãos". Que o "caminho" seja alguém, uma pessoa, e não apenas uma forma de sabedoria ou de ascese ou de preceitos, é o que distingue o caminho cristão. Os cristãos seguem Jesus, e fazem da vida terrena um caminho, o caminho da vida de Jesus.

A paralisação no meio do caminho, ou o desânimo e a dúvida, ou até o desespero, são tentações que acompanham o caminho, como as sombras acompanham a luz. Os extravios do pecado, da dureza e das distrações, ou até das perversões antievangélicas e desumanas, exigem, então, nova conversão ao caminho, com perdão, muita paciência e perseverança. O Espírito de Jesus torna cada cristão um peregrino inquieto, com a paradoxal saudade de uma pátria ainda futura. Os nossos narradores deixaram indicações preciosas sobre o futuro, como senhas no meio do caminho, porque Jesus mesmo falou abertamente do futuro.

Em primeiro lugar, o futuro não será a mera continuação das contradições tensas e dolorosas do presente, em que triunfa com mais frequência o mais forte e o mais armado. Não só Babel, com sua torre monumental, seus armazéns e fortalezas, testemunhando a capacidade e a previsão humanas, mas até a mais sagrada das construções humanas não está garantida, não dura sempre. Em Jerusalém, às vésperas da fatídica Páscoa, os discípulos olhavam a cidade desde o monte das Oliveiras. E ela resplandecia do outro lado do vale, com seu templo santo, sólido e alto, e suas colossais muralhas. Referiram a Jesus seus sentimentos espontâneos de orgulho santo por Jerusalém. "Não ficará pedra sobre pedra", foi a chamada chocante de Jesus sobre o templo. Esse tipo de afirmação valeu para Jesus sua sentença de morte. Mas ele passou, entre a melancolia e a esperança, a falar do futuro da cidade e da humanidade nesta terra mortal.

Enquanto no mundo cada forte que se levanta destrói outro forte nas ondas da história, enquanto continuam tribulações e gemidos, o Espírito divino vai gestando em dores o mundo novo. O mal não vai continuar para sempre, não vai triunfar nem vai ter parte no Reino de Deus. Por isso a última intervenção não cabe ao jogo de forças nem aos que arquitetam um mundo independente dos desígnios de Deus. Deus nem precisaria ser lembrado diretamente — ele é "Espírito", ninguém o vê, é não narcisista, é absoluto pudor e respeito. Mas o seu desígnio de paz e aliança entre as criaturas, portanto a sua palavra e a sua energia, têm autoridade insuperável. Sobre todas as vinganças é a suave e inarrestável palavra de Deus ao final. O mundo não ficará sem escatologia, sem uma destinação divina. Nem a ciência, com todo o esforço das medidas, nem o mito, mesmo moderno, do "fim feliz" ou "fim trágico" dizem adequadamente o que a fé cristã professa: Deus terá a palavra última.

A última palavra será dada ao Filho do Homem, dizem os nossos narradores. Separará inteiramente o mal do bem, será o seu Juízo. Separará os peixes maus dos bons, a erva daninha do trigo. Enquanto caminhamos na aventura fascinante e paciente da história terrena, ninguém pode arrogar-se esta separação, fazer juízos que tentem precipitar o tempo paciente e salvador de Deus. Mas já está no horizonte a estrela da escatologia, o "juízo universal". O quadro final foi pintado segundo a tradição de Israel: "Então aparecerá o Filho do Homem sentado em trono com os anjos, e todas as nações se reunirão diante dele. Como o pastor, separará as ovelhas dos cabritos", assim nos conta Mateus no dramático capítulo 25, com um sabor bem palestino, campestre e apocalíptico. Como a lembrar que o mau deve conservar o temor e o bom deve conservar a esperança. Mas como se é um pouco de um e de outro, o juízo final é um convite a superar o temor "na" esperança e na cooperação paciente da redenção do mundo. A autoridade de um "juízo final" é decisiva sobre todas as outras autoridades.

Julgar, para Jesus, não é condenar. É colocar ordem segundo a verdade. Mas, para isso, é também desmascarar a desordem e extingui-la. Julgar é defender e socorrer o direito dos fracos e das vítimas, rezam os salmos e os profetas. Por isso é também retirar-lhes de cima os opressores. Mas o Filho do Homem não será outro senão Jesus, aquele que andou pela Galileia, que julgou compadecendo-se, curando e perdoando quem foi a ele. Julgar, então, será curar, libertar, salvar. O Pai, dizia Jesus depois da cura do paralítico em Jerusalém, entregou nas mãos do Filho a ressurreição e o julgamento. O Pai não julga, é o Filho quem julga: o juízo não vem de cima, da divindade poderosa e esmagante que faria tremer de pavor, mas vem de baixo, da humanidade frágil que suplica justiça, que julga e dá vida segundo o acolhimento recebido. Por isso é o Filho quem julga, segundo sua humanidade, com as medidas muito humanas dos pequenos e humilhados do mundo: "Tive fome e me destes de comer". Tão humano e tão pequeno que irá sempre surpreender ou escandalizar: "Quando foi que te vimos, Senhor?". É preciso sublinhar: nem aí Deus dará espetáculos de grandeza ou potência — Deus não é narcisista, não é alguma essência que se impõe, é bondade pura, discreção e liberdade. Só indiretamente, como "passivo divino", Deus está sempre presente nas medidas de juízo dos humildes, lá onde a bondade não deixa a opressão e a corrupção triunfarem.

O juiz quer salvar, e salvar a todos. Por isso já adiantou as medidas e o tempo do julgamento — hoje ele julga e salva, segundo a hospitalidade que lhe é dada em toda humanidade que precisa de salvação em seu corpo. Como na Galileia ou em Jerusalém, ele bate à porta, quer de novo sentar-se à mesa e partilhar a comida, conviver. A quem abrir, ele entrará e ceará com ele, que é o grande amigo, o esposo. Seu corpo estendido pelo universo tem muitas formas de visitar, pedir, exigir, julgar, salvar. Num mundo em que a fé é sempre ameaçada, como é ameaçado o amor e tudo o que tem vida, o cristão proclama, sem se envergonhar nem se intimidar, o juízo da salvação de forma realista e otimista ao mesmo tempo. Passa por ingênuo ou sonhador ou por incômodo e sem bom gosto mundano. O cristão não é propriamente nem moderno, nem pré e nem pós-moderno. Porque vive na esperança, é habitante do futuro.

Como no confronto entre Pilatos e Jesus, o mundo que impera por lei do mais forte está sendo julgado desde os esmagados, desde as vítimas e seus gemidos — todos recolhidos no altar da paciente vitória do juiz do mundo, como simboliza o sexto capítulo do Apocalipse. Seguindo o fio da palavra de Jesus e sobretudo suas atitudes, o Filho do Homem não destrói a história com o seu julgamento. Irá consumá-la, com a participação ativa de cada criatura. Por isso o tempo presente é tempo de vigilância, tempo de preparar o dia da festa, noite de vésperas em que todo momento é precioso porque está preparando o encontro. É tempo de colocar a casa em ordem, de administrá-la com sabedoria. É sobretudo tempo de vigilância pelos pequenos do mundo, como a mãe que não pode dormir porque vigia pelo filho doente. A vigilância cristã não é uma vigilância vazia, não é expectativa preocupada com o próprio destino, nem é algo puramente místico e espiritual que olha extático para as nuvens. É vigilância como responsabilidade inquieta e materna diante dos corpos doloridos, do povo sem pão e sem pastor. É vigilância ética, amorosa, criativa, que se encontra com seu juiz em cada socorro. Por isso é importante insistir: não é o Pai, em divindade e majestade, mas o Filho, em carne e medidas humanas, quem julga.

\*\*\*

Nos primeiros séculos da aventura cristã se forjava uma linguagem nova que conseguisse transmitir a experiência da fé cristã. No centro da fé cristã está Cristo, o Jesus de Nazaré. Como falar, explicar, transmitir uma figura tão simples e tão divina ao mesmo tempo? Que linguagem empreender? A comunicação mesma exige que a linguagem não seja totalmente nova, que mantenha pontes com a linguagem comum. Se os cristãos da primeira hora tomavam a linguagem das Escrituras de Israel, os cristãos helênicos comparavam com a sua linguagem e com as crenças pagãs antigas. Usavam frequentemente a mesma linguagem, revolucionando-a com os conteúdos novos.

Também no mundo romano continuou o esforço de expressar a fé cristã. Por exemplo, a festa do nascimento do sol, no coração do inverno europeu, que se chamava *Natalis invicti solis* — nascimento do invencível sol —, serviu de inspiração para celebrar a encarnação e o nascimento do verdadeiro sol que espanta as trevas invernais e dá vida ao mundo e virou a festa do Natal.

Havia uma tradição, entre certos príncipes que governavam seus povos com a autoridade de seus enfeites, sobretudo alguns reis da Ásia Menor, de aparecer com todas as suas joias, mantos e esplendores no meio dos seus súditos, em ocasiões especiais ou em suas viagens. Era a "parusia", o seu aparecimento, a revelação, a glória. Isso alegrava o povo, porque vinha acompanhado de benefícios, de indultos, de festa popular. Os cristãos aproveitaram a sugestão: para a fé cristã, o Senhor que se irá manifestar em "parusia", revelando a glória essencial, no final da trabalhada história, é o Filho de Deus. No entanto, é a parusia da humanidade do filho de Maria, que não tinha enfeites! No seu aparecimento haverá o comparecimento da multidão de nações, de todos diante de todos, para se medirem face a face com tão humilde humanidade sem enfeites, para se reconhecerem sem o artifício das aparências, mas também sem as deformações e os impedimentos carregados, às vezes, com sofrimentos. A "parusia" de Jesus será a "com-parusia" de cada um em sua verdade profunda, em suas relações liberadas de amarras e de angústias ou de hipocrisias impostas. O com-parecimento ao juízo do Filho do Homem significará a convocação final de toda vocação humana, a ser finalmente humano. E simplesmente humano: em nenhum momento, nem mesmo na descrição literária, com traços clássicos, da grande apoteose final, se diz que a glória de Deus romperá o desígnio de seu amor em forma muito humana. Não vai arrasar com um espetáculo de divindade, é bom insistir. Vai se elevar e atrair, reunir e ordenar o Universo desde a humildade. Como o aparecimento para os pastores e sábios, a epifania — o aparecimento de Deus — se dará numa "hipofania", no Filho do Homem identificado com a menor das criaturas. A glória divina só seria bem glorificada na glorificação do humano. "A glória maior é um Deus humilde" — humano —, gostava de repetir Santo Agostinho.

O Filho do Homem — Jesus revestido do título de juiz do mundo — vai então entregar tudo nas mãos do Pai. Este será o último ato da missão de Jesus, que revela ainda que seu juízo não é para si mesmo, é salvação do mundo e glória do Pai em suas criaturas. É isso que São Paulo escreveu vibrantemente à comunidade preocupada de Corinto: quando o Filho do Homem e Filho de Davi, segundo o que o salmo dizia do descendente de Davi, tiver aniquilado todos os inimigos — e Paulo logo anota que a morte será o último inimigo a ser derrotado, na ressurreição dos mortos e na comunhão de toda criatura com a humanidade glorificada e glorificadora de Jesus —, então ele mesmo, o Filho enviado ao mundo, a quem o Pai entregou sua obra, vai entregar tudo ao Pai e vai ele mesmo, com todas as criaturas, na procissão parusíaca da criação glorificada, se entregar ao Pai na obediência eterna: "Deus, então, será tudo em todas as coisas".

O livro do Apocalipse desenha imagens sugestivas para balbuciar com palavras peregrinas o que só a linguagem celeste poderá cantar: Deus e o Cordeiro de Deus brilharão como o sol e serão a fonte no meio da praça, serão a glória e o alimento inexauríveis para toda criatura, o centro vitalizador do universo sem ocaso e sem luto ou pranto. O Espírito não será mais aquele que geme e clama por libertação nas criaturas humilhadas, como presentemente, mas será o louvor puro e eterno que sairá de todos os lábios. Ou, como expressava Dante Alighieri na *Divina Comédia*, será o "sorriso do Universo", sorriso de Deus e das criaturas na comunhão sabática, no repouso cordial do domingo sem fim.

***

O último capítulo da história de Jesus e dos cristãos ainda não aconteceu: na história que continua, Jesus intercede ao Pai pelo mundo e envia o Espírito do Pai ao mundo. O Filho exerce hoje sua missão de intercessor e de mediador sacerdotal da graça ao mundo, através do Espírito Santo. À direita do Pai, ele intercede e apresenta nossa humanidade, derrama o Espírito do Pai em cada discípulo, em cada coração humano, em toda criatura, pois o Espírito que conduzia Jesus é o mesmo Espírito que Jesus desborda a cada criatura que se abre ao Espírito. Por ora o Espírito geme em dores de parto da criação e concede os carismas da vida e da edificação da comunidade humana. Esta é uma síntese da esperança cristã.

Mas o último capítulo vai acontecer? Se a história de Jesus terminasse naqueles acontecimentos de Jerusalém, ele seria uma bela história do passado, um exemplo, talvez um "mito" das origens cristãs. Mas esperar por ele, pela "segunda" vinda, pela parusia, pela ressurreição dos mortos, pela purificação e santificação das criaturas, pelo juízo do mundo, pela glorificação da terra com o céu, tudo isso não é um "mito escatológico", uma bela narrativa que consola esta vida tão frágil e efêmera, uma ajuda piedosa para não cair no desespero? Há razões para esperar que o futuro de Jesus não seja apenas um mito, que seja real acontecimento? Nem a ciência que observa as leis naturais e a mortalidade de toda criatura, nem a lógica e a crítica que cortam os desejos vãos podem emitir uma honesta sentença final. E, no entanto, não se pode viver a gravidade do destino humano, desde o íntimo de cada um até o imenso universo, suspenso em opiniões e hipóteses. Onde está o fundamento último da esperança?

Só Deus pode ser o fundamento da esperança, a única autoridade a respeito de si mesmo. Ele é, para além de toda ciência, a melhor explicação do universo: o universo roda e dança pelo desejo e pela atração de Deus, pela força de gravidade do seu amor. O Pai da criação, na verdade, é quem espera com ânsia e paciência o cumprimento da criação. Este é o tempo da paciência e da esperança de Deus. Graças à paciência de Deus, que não intervém com a violência de uma interrupção da história do universo, nós temos tempo, e tempo de conversão, de criatividade, de responsabilidade. E graças à esperança de Deus nós também mantemos esperança contra todo desespero. Deus tem fé paciente e tem esperança certa, porque é dela que vivemos. Ele confia e espera. Abre o tempo e o espaço e atrai à convergência da comunhão. Entrega e deseja. O desejo e a esperança de Deus estimulam e alimentam a nossa esperança e os nossos desejos, abrem possibilidades em que o tempo parece já impossível, e assim nos rejuvenescem e nos lançam para o futuro. O maior desejo peregrino de Jesus foi comer aquela Páscoa com todos sentados à sua mesa, até que viesse o Reino. Então o desejo de Deus move a história em direção ao Reino, onde Deus quer reunir e fazer festa. Todos os que amam sabem que o desejo move os amantes e faz a história caminhar para o futuro, para a realização do desejo. Só não se realizam os desejos pequenos, mas pode-se aumentá-lo — de novo Agostinho: a oração, que é uma forma maior de relação com alguém, aumenta o desejo, o bom desejo, até fazer realmente, irrefreavelmente, acontecer. Deus tem o desejo do tamanho do universo, e deseja inestancavelmente o Reino para todos, e seu divino desejo é invencível, ainda que seja paciente, absolutamente paciente.

A fé que Deus nutre por nós é um convite à vida, uma confiança em nós. É condição e origem de nossa própria fé e autoconfiança. A esperança e a paciência de Deus nos dão tempo e futuro, são a origem de nossa própria esperança firme e perseverança paciente. As virtudes "teologais" — fé, esperança, amor

— são chamadas "assim" porque Deus mesmo, com a encarnação do Filho em nossa humanidade e a efusão do Espírito em nosso interior, as coloca diretamente em nós a partir de sua própria fé, esperança, amor. O mundo existe, o futuro existe, porque Deus tem fé e esperança no mundo, amor ao mundo. Por isso, estas virtudes superam nossos limites naturais de criaturas, são dons que nos fazem semelhantes a ele, nos impelem a superar limites e nos conduzem ao Reino de Deus. Porque ele mesmo é assim. Ele mesmo — o Pai, o Filho, o Espírito Santo — tem fé, esperança, amor. Assim Deus sai de si e abraça o universo, até mesmo seus cataclismas e feridas, porque nenhuma lágrima escondida será perdida para a ressurreição. A fé, a esperança e o amor de Deus, este é o segredo último da criação, da história, do seu final feliz. Embora ainda seja noite, cantava São João da Cruz.

O último capítulo desta história está aberto. Enquanto o cristão volta o olhar para a frente e clama, com o último parágrafo do último livro da Escritura — "Vem, Senhor Jesus" —, está escrevendo o penúltimo capítulo. Caminha pela história do Filho através da encarnação, da missão e da paixão, da ressurreição e da glorificação. Jesus mandou continuar a sua missão enquanto no mundo ainda há paixão. Porque o sofrimento do mundo é sofrimento do Filho de Deus e dos que o seguem na encarnação. Missão e paixão se interpenetram. Por trás desta comunhão de missão e paixão já despontam experiências de ressurreição, sinais e sementes que dão sentido e orientação à vida cristã. A ressurreição e a glória brilham a partir dos sinais humildes da missão dos discípulos e de todas as pessoas humanas de boa vontade que se abrem ao sofrimento humano e se encarregam da paixão do mundo. Hoje, todos os passos da vida de Jesus se dão simultaneamente no caminho cristão: a compaixão e a ação missionária, as lágrimas dos sofrimentos e o sorriso da ressurreição se misturam. Paradoxalmente, a maturidade é alcançada onde convivem simultaneamente estes estados contraditórios, tensos de futuro, onde se chora com os que choram e ao mesmo tempo se é capaz de alegria com os que se alegram, na grande simpatia regeneradora e peregrina que encaminha o universo para o sábado eterno, para o júbilo do amor convidativo de Deus.

Jesus é a figura da nossa história — professa o realismo e o otimismo cristão. Por isso "nós caminhamos com os olhos fixos em Jesus", como exorta com sensibilidade plástica a carta aos hebreus. Os títulos hebraicos de Jesus, nos escritos do Novo Testamento, queriam ligar a nossa história humana à história de Jesus. Como "Filho de Davi" é a figura da boa administração da terra. Como "Filho do Homem" é a figura do juízo ordenador da salvação. Como "Cordeiro de Deus" é a figura da paixão do mundo, dom de vida que se sobrecarrega das violências devolvendo com perdão e bondade ao acumular-se das forças malignas. Como Cordeiro que lembra o alimento pascal do êxodo, é sobretudo energia para a peregrinação terrena em êxodo para a cidade nova, para a convivência da mesa. Jesus é chamado também "Verbo de Deus", palavra reveladora e criadora de Deus, que lembra o início da criação. Pelas palavras do seu Evangelho a criação continua. Pela sua obra — vida e morte, e ressurreição — é expressão da "glória de Deus que refulge em sua face", segundo um apontamento de Paulo.

Em sua vida terrena, no entanto, os títulos que mais estiveram na boca do povo e dos discípulos foram os de "profeta" e de "mestre", com extrema simplicidade, por causa de sua palavra de ensinamento e exortação, de conforto e de orientação. No entanto, ele apareceu também como o "bom pastor" com zelo e consolação. Os títulos de "Cristo" e "Filho do Altíssimo", "Filho de Deus", resumem a grandeza da sua origem e do seu desígnio, indicam o conjunto de sua missão: o escolhido e enviado do Pai para manifestar o amor absoluto e sem retorno, irrevogável e sem arrependimento, por parte de Deus. "Filho Unigênito", o bem-amado, ele é também o "Primogênito", irmão maior de toda criatura, sem se envergonhar de nos chamar de irmãos.

Com o título bastante solene de "Sacerdote sumo e eterno", Jesus é professado como a figura mediadora de toda salvação e de toda graça, sentido novo de todo ritual e substituição dos ritos brotados dos desejos vãos e esforços trágicos de alcançar Deus. Com Jesus, de fato, há uma relativização impressionante e uma nova compreensão do sacerdócio, do sacrifício, do altar e do templo, das festas rituais do ano, de toda religião. Não são os nossos sacrifícios e ritos, por maiores e repetitivos que sejam, os que agradam a Deus e nos salvam. Partiu de Deus mesmo aquilo que o agrada: o dom de si mesmo, e não o sacrifício das criaturas. O que lhe agrada é o rito de louvor espiritual que vitaliza — dos lábios que cantam, das mãos que se unem, da bênção sem outra intenção que não seja a alegria —, e não o rito sacrifical que mortifica. O sacerdócio de Jesus é o da "misericórdia, e não sacrifício". Nele começou a Eucaristia: memória de sua morte e de seu sangue, de sua tremenda imolação, é bem verdade, mas só memória, sem imolação, para que sua memória não permita mais imolações de nenhum tipo. E contínua oblação, para que a Eucaristia seja o ápice contínuo dos esforços de doação, o fermento de vidas em oblação, a vida transformada em pura ação de graças, eucaristização do mundo na comunhão com a simplicidade eucarística de Jesus, feito ainda pequena porção de comida e bebida, pequeno como na sua Palestina, mas portando o Espírito e a glória do Pai que o mundo não contém, que elevam eucaristicamente o mundo à glória.

Enfim, Jesus é o "Esposo", segundo o Evangelho samaritano de João. É o desejado para a aliança nupcial com Deus e para o banquete do sábado sem fim. Repetem os místicos e os teólogos cristãos que não cabe em nomes, nem em figuras ou títulos, uma experiência tão radical, tão paradoxal, ao mesmo tempo tão sublime e tão humilde. Todavia, na raiz de qualquer título ou nome está sempre o Jesus de Maria, o humilde servidor que se criou na Galileia, ponto de apoio e convergência irrenunciável da fé cristã, possibilidade de escândalo, mas sobretudo de maravilha ainda maior.

*\*\**

Quando a fé cristã tomou raízes na cultura grega, como numa segunda onda, assumiu a linguagem grega, e a figura de Jesus foi expressa com títulos helênicos. Ele é o Senhor e Salvador do universo, centro e figura do universo, "logos" e racionalidade em que o mundo encontra luz e repouso, explicação e direção. É a linguagem da revelação divina, do mais alto mistério, mas sempre partindo da "pedra no sapato" da filosofia: a humildade do filho de uma camponesa da Galileia. Os senhores políticos das nações e os senhores espirituais que governam o cosmos — os tronos, dominações, potestades, os anjos, enfim — todos são por ele relativizados e reorientados, se é que há neles alguma realidade e algum bem. Ou são desmascarados e esvaziados se só há mal ou se são meras fantasias e manipulações humanas. Por isso, a profissão de fé em Jesus como "Senhor" faz saborear a salvação, a segurança e o destemor: não somos mais atirados de um lado para outro no entrechoque de forças e domínios, de deuses ou demônios. Não temos medo de nenhuma potência deste mundo ou de qualquer mundo espiritual, de deuses ou demônios. Nenhum demônio tem domínio sobre quem é de Cristo.

E os gregos foram adiante: Ele é "Kyrios", Senhor e Salvador do universo. Jesus glorificado não deixa o mundo perecer na corrupção e na inércia da entropia: o cosmos está destinado à ressurreição. Assim como aspiramos ao corpo glorioso para o qual estamos destinados, também o universo vive da promessa de transfiguração em Novos Céus e Nova Terra. A carta de Pedro e o Apocalipse, já dirigidos para a pluralidade de culturas do helenismo, lançam e relançam este inveterado otimismo enquanto convidam à perseverança no meio das tribulações, inclusive com perseguições e martírios coletivos. Se as ciências param na morte e só avançam além por hipótese, a fé cristã não vive nem de hipótese nem de fanatismo: sabe que há dores, injustiças e a morte — e sabe na própria pele —, mas está apoiada em quem é capaz de ressuscitar e transfigurar o universo e cada corpo, em coerência com a decisão criadora de vida. Alargaram o título de primogenitura até a preexistência do Filho de Deus em relação com todo o universo: "Primogênito do Universo", existente com o Pai antes da criação do mundo, em quem e para quem tudo foi feito, de quem tudo ganha medida e com quem tudo deve se medir, luz e forma do mundo, em quem o mundo ganha o seu fundamento e toda subsistência. Dizer que Cristo nos salva de nossos pecados e do mal é dizer muito pouco, segundo esta vibrante confissão de fé: ele nos salva do nada e do caos, porque somos feitos de sua substância e somos criaturas de seu corpo universal. Para ele fomos feitos, é ele nossa vocação e nossa exaltação. Ele é mais do que a plenificação e o coroamento do universo. É verdade que ele, dom puro e total do Pai, existe para o universo, mas é muito mais verdadeiro confessar o contrário: O universo existe para ele! Ele, que existia desde sempre, antes de tudo, e para o qual tudo foi predestinado, tem o primado em tudo. Esta foi a linguagem mais alta dos hinos do Novo Testamento e da cristologia tanto oriental como ocidental. Não se pode ir mais longe na linguagem universalizante.

No entanto, Lucas conhecia bem as tentações espiritualizantes e grandiosas dos gregos, e por isso contou a história do humilde nascimento, da vida anônima e prosaica: o forte sustentador do cosmos era o filho da Maria em Nazaré!

\*\*\*

Como os gregos pensassem toda a realidade enquanto substâncias e naturezas, Jesus foi compreendido pelos cristãos gregos, sobretudo pelos primeiros teólogos cristãos, como uma pessoa portadora de duas naturezas, a pessoa do Filho eterno de Deus em natureza divina e humana ao mesmo tempo, consubstancial e igual a Deus, consubstancial e igual a nós — "menos no pecado", que isso não é originalmente humano, é o que desumanizou.

Uma pessoa e duas naturezas: essa aparente abstração era, na verdade, uma luta para compreender a verdade sobre Jesus contra diversas formas de sabedoria helênica, como, por exemplo, os "docetas" — aparentistas —, que afirmavam ser Jesus só aparentemente humano. Batiam-se também contra os arianos, os seguidores de Ario, que afirmavam ser Jesus um mediador entre Deus e o mundo, mas não igual a Deus. Enfim, houve batalhas entre os "homousianos" e os "homouisianos". A diferença de um "i" significava afirmar que ou era "igual" a Deus ou apenas "semelhante" a Deus. É que não bastava sair do politeísmo e aderir ao monoteísmo, mas era necessário sair também do monoteísmo de Deus como uma única pessoa e alcançar uma fé trinitária: três pessoas, um único Deus. Jesus, com sua realidade de carne e osso, com sua íntima relação de Filho, colocava — e ainda coloca — toda linguagem em questão. Como dizer ao mesmo tempo que ele é o Filho eterno de Deus, igual a Deus e Deus mesmo, sem diminuir sua substância e grandeza divinas, e que ele é o filho da Maria, humano, em tudo igual aos humanos? Criou-se a "Regra da fé", criaram-se, de concílio em concílio, de discussão em discussão, os símbolos e as fórmulas da fé, o "Credo" cristão.

O gênio filosófico grego tinha lá suas possibilidades de linguagem, de poesia e elevação, mas tinha um limite sério: passou de uma linguagem de mitos e símbolos, povoados de deuses ou heróis, para uma linguagem conceitual, definitória, lógica, clara e analítica, controlada pela inteligência e pela observação. Foram assim os pais teóricos da ciência. Mas dizer que Jesus tem duas naturezas espanta qualquer lógica ou leva de volta para o mito. O grande risco era ficar com uma caricatura de Jesus em "dois andares": o Filho de Deus, de natureza divina, assumia mais um piso, o térreo, de natureza humana. Facilmente ficava uma lógica mal costurada. Era difícil ler, e sobretudo compreender, as Escrituras hebraicas e aramaicas, a cultura e a experiência de Jesus e seu povo, nessa primeira grande inculturação da fé cristã. Como entender que ele "não se agarrou à sua igualdade com Deus, mas se esvaziou da condição divina, e assumiu a condição humana" — como dizia Paulo aos gregos de Filipos — numa cultura pouco disposta a reconhecer Deus na carne humana, que sabia lidar bem com a poesia dos mitos e com a refinada sabedoria dos conceitos? No entanto, a dificuldade dos gregos também é uma grande lição para a história cristã.

"O que não foi assumido não foi redimido", afirmava-se então, na esteira de São Cirilo de Alexandria, para rebater qualquer dualismo ou separação entre Deus e a humanidade de Jesus. Segundo os gregos, a solidariedade substancial é a raiz de toda ação salvadora. A Igreja grega, com seus bispos e teólogos, e até com o imperador em campo, que frequentemente entendia de teologia, batalhou contra a tendência dualista de sua cultura, contra o gnosticismo que desprezava a matéria e o corpo e privilegiava a alma e a sabedoria, e mortificava por isso a encarnação radical do Filho de Deus e criava canais elitistas de salvação. Foi necessário muito discernimento para reconhecer na ressurreição da carne e na glória de Jesus em seu corpo o início e a garantia de glorificação de toda a matéria e de todo o corpo. Em Jesus, enfim, Deus se fez humano para que todo humano e toda criatura participasse da comunhão divina. Nessa solidariedade de Deus que assume nossa condição frágil e mortal está a nossa salvação.

Ainda hoje, nos ícones bizantinos, se contempla o rosto humano de Jesus, transfigurado por sua luz divina a irradiar o Espírito. Ele é confessado com o título de "Pantocrátor", governador e mestre, senhor da criação e da sociedade, sabedoria e poder que eleva o mundo em sua luz transcendente e divina.

O mundo romano-latino se sobrepôs ao grego com uma mentalidade mais política e mais prática. Os latinos pensavam a realidade mais como instituições jurídicas do que naturezas, e olhavam o mundo, sobretudo o mundo social, através do direito, mais através do tribunal do que da academia. Conheciam bem a condição concreta de funcionamento da sociedade e souberam dominar a pluralidade de culturas com sagacidade. A tendência dos teólogos latinos se inclinou para o realismo duro que atravessa nosso mundo social. Em Jesus, viram sobretudo o Redentor do mundo, o juiz que decide pagar, ele mesmo, com sua morte, a nossa pena no tribunal de Deus, absolvendo-nos da culpa e das consequências mortais de nossas violências.

A "satisfação vicária", o sofrimento e a morte substitutiva para nos salvar diante de Deus, foi uma teoria teológica que quis explicar o motivo da encarnação do Filho de Deus, teoria desenvolvida sobretudo por Santo Anselmo, e teve enorme influência na maneira de entender Deus e na espiritualidade cristã. O dom da vida de Jesus foi entendido como sacrifício inescapável aos olhos de Deus, em vez de ser entendido como misericórdia de Deus que assumiu o destino humano da violência para vencer por dentro sem mais vencidos. Hoje é uma explicação mais problemática do que as abstrações gregas. Num mundo onde se sacrifica demais, esta visão de Jesus como "grande sacrifício" pode ter o poder de absorver e amortizar os sacrifícios. Mas frequentemente fez também o contrário, justificando sacrifícios, sobretudo sacrificando em boa consciência, em nome de Jesus, os que foram considerados sacrificadores. No círculo doentio de "perseguidor-vítima--salvador", para salvar a vítima se perseguiu. Esquecendo olimpicamente que Jesus rompeu este círculo violento, e salvou como vítima sem perseguir, nem mesmo na sentença do juízo final: ele não condena, não persegue, não levanta a voz. Somente nessa cultura de potência o juiz foi representado com o braço levantado, pronto para o supremo e eterno ato de violência, a condenação. Na matriz do mundo romano os cristãos facilmente caíram na tentação de imperar e perseguir, provocando feridas que ainda doem, mortes que só Cristo pode resgatar.

Nos séculos seguintes, uma sociedade feudal despedaçou a Europa cristã. Mas Jesus era uma referência comum. Primogênito e herdeiro da criação, ele nos faz participar de seu império. *Dominus noster*, Senhor e Rei, todas as instituições devem estar a seus pés. Por isso, em nome de Jesus se criou uma cristandade poderosa, que costurava os reinos sob a Igreja na Idade Média. No entanto, sempre houve cristãos que, como São Francisco de Assis, repetiram o Evangelho: nosso rei e senhor se fez pobre e mendigo!

Dez séculos de lutas tinham conseguido deixar claro que Jesus, Filho de Deus e consubstancial ao Pai, é Deus. Todavia, tal afirmação acentuou a sua origem divina em detrimento da sua condição humana. Jesus foi "absorvido" pela divindade de sua filiação, mostrado em pinturas e nas pregações como grande e temível, senhor e juiz potente. Deve-se de modo muito especial a São Bernardo, a São Francisco e aos movimentos de retorno à simplicidade do Evangelho a recuperação medieval da humanidade de Jesus, a meditação dos passos de sua vida terrena. Com muita fadiga de linguagem, mas sobretudo de vida prática, de ser realmente seguidor do Evangelho, num mundo onde a face de Deus aparecia quase somente com potência divina.

O "Renascimento" europeu voltou às fontes, tanto helênicas como bíblicas, da cultura ocidental. O resultado desta mistura de fontes deu num otimismo antropológico, num humanismo de figura grega com fundo bíblico, ou talvez com substância grega com verniz bíblico. O humanismo se centralizou nas figuras de Cristo: criança saudável, jovem belo, homem forte, elegante e inteligente, de paixões exaltadas. Sem sofrimento e sem morte, saltando diretamente para o juízo e a submissão dos povos. Os pobres não se enxergaram por perto.

A espiritualidade barroca, reagindo ao triunfalismo humanista do Renascimento que só exaltava a glória e a força humanas, iria, por sua vez, acentuar os sofrimentos e a cruz de Jesus, dando ao Filho de Deus os títulos tão conhecidos no Brasil: Bom Jesus, Senhor dos Passos, Senhor do Bom Fim. Jesus sofredor, ladeado pela mãe dolorosa e pela compaixão dos discípulos João e Madalena, com o corpo transido pela dor: eis aí o quadro da nossa salvação, a identificação de Deus com o sofrimento do seu povo, e o culto penitencial do povo para se acercar do mistério de Deus. A coragem da espiritualidade barroca em assumir o paradoxo da glória através do sofrimento, da claridade através da obscuridade, da alegria através da dor, foi tão mais corajosa quanto mais se mede o seu perigo de permanecer demasiado no abismo da cruz e da dor, na passividade massificante do povo sofredor identificado com Jesus. Mas foi esta a primeira experiência de Cristo na América Latina, a matriz básica onde o povo, de alguma forma, se salva pelo círculo da compaixão. Não foi apenas o Senhor que os senhores coloniais trouxeram, mas o Bom Senhor que assumia as flagelações dos escravos, mais perto deles do que dos senhores, como na Palestina.

Na modernidade ocidental, a Igreja Católica se centrou na figura do Coração de Jesus, acompanhado pelo Coração de Maria — a toda figura de Jesus corresponde uma figura de Maria. O Sagrado Coração tornou-se a figura da Igreja eucarística, sacramental, sacerdotal, piedosa e obediente, em luta com a racionalidade autônoma das ciências modernas e com a negação do sacerdócio ministerial e da hierarquia no protestantismo. Jesus é representado, então, como um doce coração ofendido e necessitado de reparação. Como em todas as cristologias da história da fé cristã, encontraram-se pontos de apoio no Novo Testamento: "Vinde a mim, manso e humilde de coração". Enfim, o coração é um centro rico de espiritualidade. No entanto, quando a figura suave do coração de Jesus se tornou demasiado íntima e ficou absorvida pela devoção, surgiu, no século XX, com as bênçãos de Pio XI, no fogo cruzado dos regimes totalitários europeus, a reação política da Ação Católica sob o patrocínio de Cristo Rei, Cristo Redentor, figura pública e militante a conclamar seus soldados à batalha da verdade no mundo. Inclusive sobre o Corcovado, no Rio de Janeiro.

\*\*\*

Em nosso tempo, científica e tecnologicamente tão desenvolvido a ponto de dar vertigens, e tão injusto nas diferenças sociais e no crescimento de grandes maiorias empobrecidas e excluídas da política econômica, arrastadas para o mar de consequências da pobreza e da miséria, muitas comunidades de pobres redescobrem Jesus como figura de libertação, de pastor que alimenta e cura, que dispõe o Reino de Deus para os pobres e conserva sua preferência maternal pelos pequeninos, que se levanta como profeta indignado e exorciza as potências sob a capa cínica da economia, da ciência e dos sacrifícios "necessários". Mas não é paternalista, não se fecha morbosamente no círculo da compaixão: mais uma vez convida à missão, ao seguimento na sua paciente missão até o martírio. Jesus é, realmente, o "Libertador". A América Latina lhe dá testemunho.

Que títulos daremos hoje a Jesus? "Sentido da vida" para os que emergem do vazio da existência e do bem-estar aborrecido. "Jesus libertador dos pobres" nas imensas regiões onde o povo pobre se aproxima da história de Jesus. Um "Curador" das feridas do povo, defensor da vida e "Grande Ancestral" nas tradições africanas de comunhão com o invisível, na África ainda atravessada pelas feridas e consequências do colonialismo recente. O "Sábio e Iluminado" a irradiar a transcendência divina para todas as criaturas em sua figura humana, segundo as culturas milenares da Ásia.

Decisivo, no entanto, por trás da linguagem que balbucia, é conservar o paradoxo do Deus humilde, feito carne e palavra humana, filho da Maria — Deus "ao avesso" —, possibilidade de causar escândalo e de ser julgado como loucura, mas também possibilidade real de inesgotável júbilo. A intuição da fé cristã que canta na canção nicaraguense dos campesinos marcados pela opressão diz exatamente o que o dogma, na linguagem erudita dos gregos, quer dizer: que ele é pessoa divina, Filho eterno na Trindade, mas esvaziado da natureza divina, é Deus em condição humana, vivendo inteiramente em nossa natureza. O sujeito é Deus, é o Filho de Deus, mas os predicados são todos humanos. Assim cantam os pobres em sua fé cristã: "Tu és o Deus dos pequenos, o Deus de rosto curtido, o Deus de mãos calejadas, o Deus humano e sofrido". Formulação dogmaticamente perfeita, com poesia e rima!

Jesus "ontem, hoje e sempre": esta expressão, que termina a carta aos hebreus, é uma fórmula para declarar o centro da fé diante do esquecimento ou da onda eclética de religiosidade que volta em nosso tempo. É claro que a mistura de religiões é melhor do que a batalha de religiões, mas os curtos-circuitos e as fantasias religiosas podem provocar novas batalhas. Sobretudo diante das pretensões da "Nova Era", ao afirmar que estaríamos ultrapassando a Era Cristã simbolizada pelo signo de Peixes e entrando numa Era Pós-cristã, simbolizada pelo signo de Aquário, convém urgentemente aclarar o centro da fé cristã, que é Cristo. Há, nesta onda heterogênea de religiosidade, um mal-entendido e uma mistura de história e astrologia, mistura de Cristianismo e de misticismo oriental, de ciências humanas e de salvação, numa geleia vaporosa que invade os vazios do Ocidente e se desdobra perigosamente em seitas e fundamentalismos. Essa mistura levará a novas formas de fanatismos e a conflitos antigos. O Espírito sopra onde quer, por toda parte, mas pede "o discernimento dos espíritos". É o que exorta João, o apóstolo que uniu a liberdade ao amor. O critério de discernimento dos espíritos, para a fé cristã, é Jesus. A realidade bem real, de carne e osso, de Jesus, pode aparecer até dura e incômoda, mas é a medida cristã para distinguir a presença e a ação do Espírito Santo no meio da nebulosa instável de religiosidade, frequentemente feita de fantasias ou de projeções de desejos. Por sua vez, como sublinhou Paulo aos gregos de Corinto, reconhecer que Jesus, aquele filho de Maria que buscava água na fonte para a mãe, é o Filho de Deus e confessá-lo como Nosso Senhor, é graça do Espírito Santo, atração paradoxal, eros puro de Deus.

Não bastará, porém, repetir até o cansaço "Cristo ontem, hoje e sempre!", pois no final da carta aos hebreus há, no contexto tremendo e fascinante desta fórmula, um convite a abandonar, sem nostalgia, as formas caducas de esperança e de religião. E a tomar com perseverança o caminho humilde e realista de Jesus, "fora" de tudo e "sobrecarregado" de tudo ao mesmo tempo. Ele, diz o texto final, consumou o caminho "fora dos muros" da cidade, juntando amor, paciência e liberdade à exclusão, à marginalidade e ao sofrimento que suportou. Ele é o "Caminho" — a vida do cristão. Diante de Jesus de carne e osso, filho da Maria, mas também cheio de Espírito, Filho de Deus, o cristão confessa "Cristo ontem, hoje e sempre!". Se é para olhar as estrelas como cristãos, pode-se lembrar a estrela de Belém e de Nazaré. Ou a estrela do Apocalipse: ele, Jesus de Nazaré, filho de Maria e Filho de Deus, é a "Estrela da manhã", da qual ganhou brilho aquela que guiou os sábios de longe e os conduziu à sua humildade. Ele brilha e ilumina o horizonte aberto do futuro e toma os discípulos e discípulas pela mão. Por isso clamam os cristãos, com a fé cristã, com a ajuda do Espírito Santo: "Vem, Senhor Jesus!".

Impresso na gráfica da
Pia Sociedade Filhas de São Paulo
Via Raposo Tavares, km 19,145
05577-300 - São Paulo, SP - Brasil - 2018